할 수 있다!

한글

2020 활용

이 책의 구성

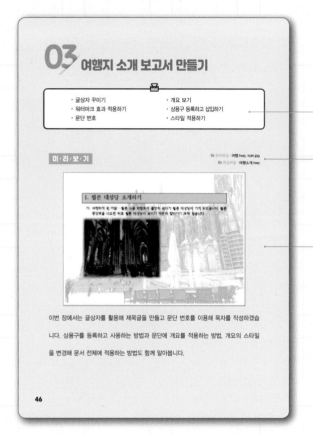

► **학습 포인트** 🖊
이번 장에서 학습할 핵심 내용을 소개합니다.

► **준비파일 / 완성파일** 🖊
본문에서 실습하는 파일명입니다. 시대인 게
시판에서 다운로드한 후 사용하세요.

► **미리보기** 🖊
학습 결과물을 미리 살펴봅니다.

🖋 **예제 따라 하기**

실생활에서 활용할 수 있는 예제를 순서대로
따라 할 수 있도록 구성하여 누구나 쉽게 이
해하고 기능을 습득할 수 있습니다.

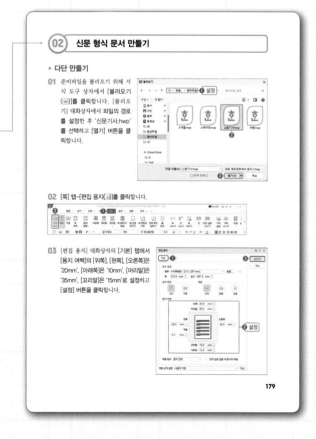

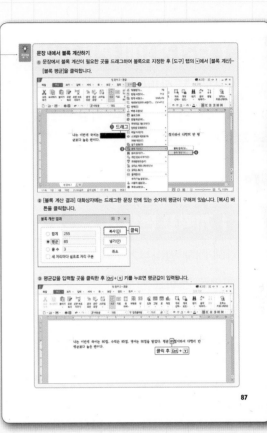

이 책의 목차

예제파일 다운로드

1

시대인 홈페이지(www.edusd.co.kr/book)에 접속한 후 로그인합니다.
※ '시대' 회원이 아닌 경우 [회원가입]을 클릭하여 가입한 후 로그인합니다.

2

로그인을 한 후 홈페이지 상단의 메뉴에서 [프로그램]을 선택합니다.

3

프로그램 자료실 화면이 나타나면 책 제목을 검색합니다. 검색된 결과 목록에서 해당 도서의
자료를 찾아 제목을 클릭합니다.

○ 프로그램자료실   🏠 > 자료실 > 프로그램자료실

실기, 실무 프로그램 자료실
실기, 실무에 필요한 프로그램을 제공해 드립니다.

| 제목 ▼ | 한글 2020 활용 | 🔍 |

전체 (1)   전체목록 글쓰기

[할 수 있다!] 한글 2020 활용 N
발행일 : 2024-05-15   작성일 : 2024-04-25   ⬇ 다운로드

4 관련 페이지가 열리면 첨부파일의 [다운로드] 버튼을 클릭하고 파일이 다운로드되면 [다운로드 폴더 열기]를 선택합니다.

5 컴퓨터 내의 압축 해제 프로그램으로 압축을 해제하면 교재의 준비파일과 완성파일이 폴더별로 제공됩니다.

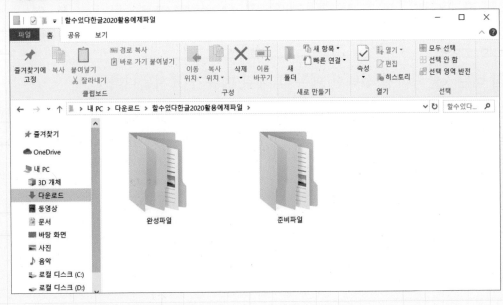

시작 전에 살펴보기

한글 2020 화면 구성 살펴보기

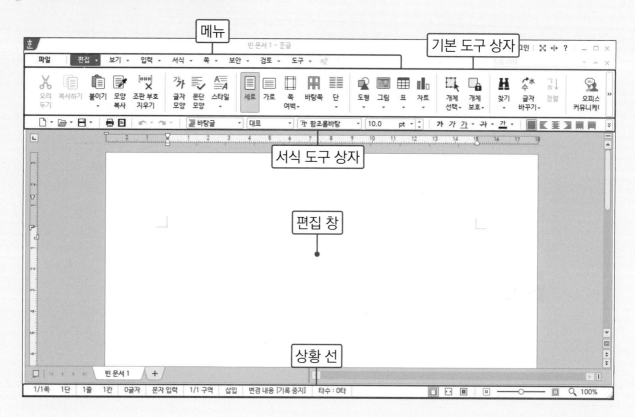

도구 상자 살펴보기

창의 크기에 따라 메뉴, 기본 도구 상자, 서식 도구 상자의 일부를 숨길 수 있습니다.

❶ 펼침 버튼 : 클릭하면 선택한 메뉴의 하위 메뉴가 표시됩니다.

❷ 옆으로 이동 : 창을 축소할 경우 나타나고 클릭하면 숨겨진 부분이 표시됩니다.

❸ 도구 상자 접기/펴기 : 클릭하면 기본 도구 상자와 서식 도구 상자를 숨기거나 표시합니다.

01 요리 레시피 문서 작성하기

- ▪ 빠른 내어 쓰기
- ▪ 특수 문자 삽입하기
- ▪ 쪽 배경 꾸미기
- ▪ PDF로 저장하기
- ▪ 그림으로 저장하기
- ▪ PDF 문서를 한글 문서로 변환 하기

미/리/보/기

■ 준비파일 : 봉골레.jpg
■ 완성파일 : 봉골레 스파게티 만들기.hwp, 봉골레 스파게티 만들기.pdf, 봉골레 스파게티 만들기001.jpg

이번 장에서는 글자 모양 복사하기, 특수 문자 삽입하기 등 다양한 기능을 활용해 요리 레시피가 담긴 문서를 작성하고 여러 가지 파일 형식으로 문서를 저장해 보겠습니다. 더불어 PDF 문서를 한글 문서로 변환하는 방법까지 알아봅니다.

01 문서 작성 전 살펴보기

▶ PDF 문서

PDF(Portable Document Format)는 미국의 컴퓨터 소프트웨어 회사인 어도비(Adobe)에서 개발한 파일 유형입니다. PDF는 원본 문서의 글꼴, 이미지, 문서 형태 등을 그대로 유지하기 때문에 다양한 프로그램에서 동일한 형식으로 문서를 확인할 수 있습니다. 보안성이 높아 관공서, 기업, 연구소 등에서 문서를 배포할 때 많이 사용하고 있으며 어도비 아크로뱃 리더(Adobe Acrobat Reader) 프로그램을 설치하면 PDF 문서를 무료로 읽을 수 있습니다.

 PDF 문서로 변환하는 이유
PDF는 환경에 영향을 받지 않고 동일한 결과물을 보여 주는 장점이 있습니다. 운영체제나 프로그램에 따라 문서의 글꼴이 깨지거나 형태가 엉망이 되는 경우가 있는데 PDF로 저장하면 문서에 포함된 글꼴이나 이미지가 없더라도 원본 문서 그대로 다른 사람에게 공유할 수 있습니다.

▶ 사용할 도구 알아보기

도구	설명
📝 (모양 복사)	클릭한 곳의 글자 모양이나 문단 모양, 스타일 등을 복사해 다른 곳에 간편하게 적용합니다.
※ (문자표)	분수, 발음기호, 화폐기호, 유니코드 문자와 같이 키보드에 없는 문자를 입력합니다.
🖼 (그림)	그림 파일을 문서에 삽입합니다.
📱 (쪽 테두리/배경)	쪽 테두리나 배경을 설정합니다.
🖨 (인쇄)	편집 화면에 있는 문서를 프린터로 인쇄합니다.

봉골레 스파게티 레시피 작성하고 저장하기

▶ 입력한 글에 서식 지정하기

01 한글(📄)을 실행한 후 다음과 같이 입력합니다.

봉골레 스파게티 만들기

조리 시간 : 30분

입력

재료

스파게티 160g, 바지락 500g, 마늘 5쪽, 방울토마토 6개, 양파 1/2개, 페페론치노 4개 (또는 건고추 2개), 이태리파슬리 약간, 올리브오일 5큰술, 화이트와인 1/2컵, 스파게티 삶은 물 1/4컵, 소금, 후추 약간씩

만드는 방법

바지락은 흐르는 물에 비벼 깨끗이 씻은 후 약간의 소금을 넣은 물에 담가 해감해주세요.

마늘은 편으로 썰고 방울토마토를 2등분 한 후 양파, 페페론치노, 이태리파슬리는 굵게 다져주세요.

물 8컵에 굵은 소금 1/2큰술을 넣어 스파게티면을 6분 정도 삶고, 넓은 그릇에 펼친 후 올리브오일을 뿌려준 후 면 삶은 물 1/4컵은 남겨두세요.

팬에 올리브오일을 두르고 마늘을 넣고 살짝 볶다가 양파와 페페론치노를 넣은 후 약간의 소금과 후추로 밑간하여 1분 정도 볶아주세요.

바지락과 화이트와인, 면 삶은 물을 넣어 조개 입이 벌어질 때까지 끓여주세요.

삶은 스파게티면과 방울토마토를 넣고 1~2분 정도 볶아주다가 약간의 소금과 후추로 간을 하고 이태리파슬리와 올리브오일을 뿌려주세요.

02 제목글을 꾸미기 위해 '봉골레 스파게티 만들기'를 드래그하여 블록으로 지정한 후 서식 도구 상자에서 [글꼴]은 '양재소슬체S', [글자 크기]는 '24pt', [가운데 정렬(≣)]로 설정합니다.

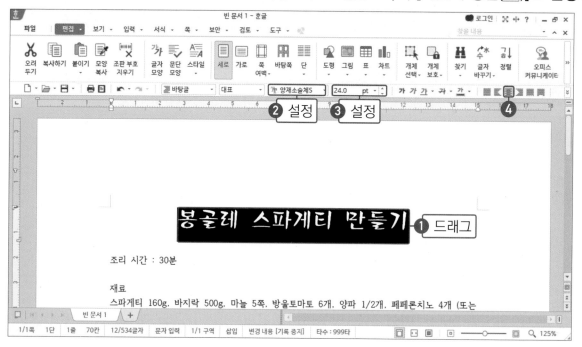

03 '조리 시간'을 드래그하여 블록으로 지정한 후 [글꼴]은 '맑은 고딕', [진하게(가)]로 설정합니다.

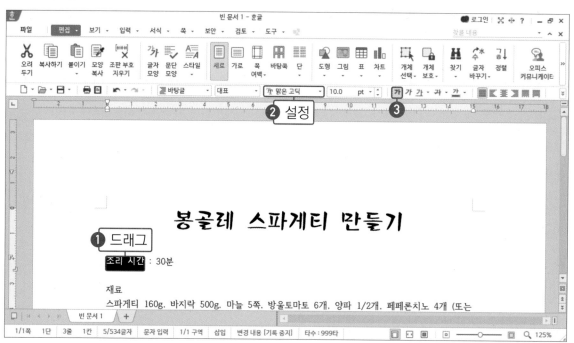

04 '조리' 뒤를 클릭한 후 [편집] 탭–[모양 복사()]를 클릭합니다. [모양 복사] 대화상자가 나타나면 [본문 모양 복사]에서 '글자 모양'을 선택한 후 [복사] 버튼을 클릭합니다.

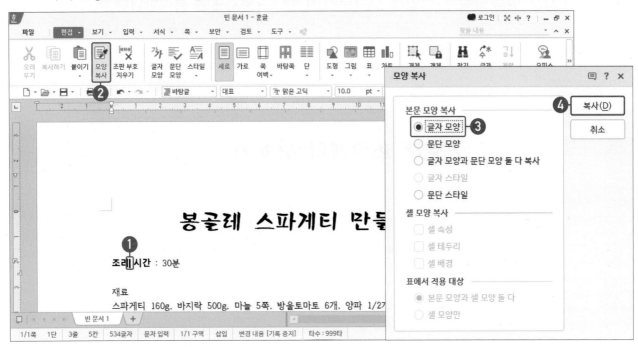

💡 **[모양 복사] 바로 가기 키**
잠깐
모양을 복사할 곳을 클릭하고 Alt + C 키를 눌러 [모양 복사] 대화상자가 나타나면 복사할 모양을 선택합니다. 다른 글을 드래그해 블록으로 지정한 후 Alt + C 키를 누르면 복사한 모양이 적용됩니다.

05 '조리 시간'의 글자 모양을 다른 곳에도 적용해 보겠습니다. '재료'를 드래그해 블록으로 지정한 후 [편집] 탭–[모양 복사()]를 클릭합니다. '만드는 방법'도 드래그한 후 Alt 키와 C 키를 눌러 글자 모양을 적용합니다.

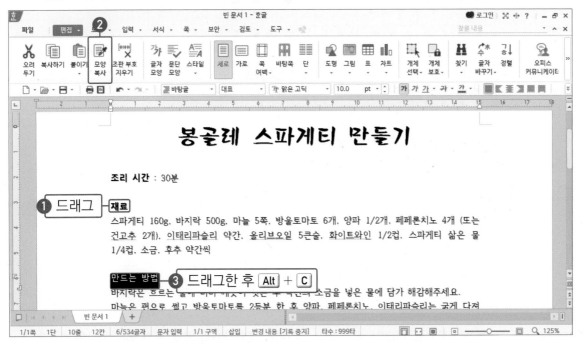

▶ 문자표 삽입하기

01 '조리 시간' 앞을 클릭하고 [입력] 탭─[문자표( )]─[문자표]를 클릭합니다.

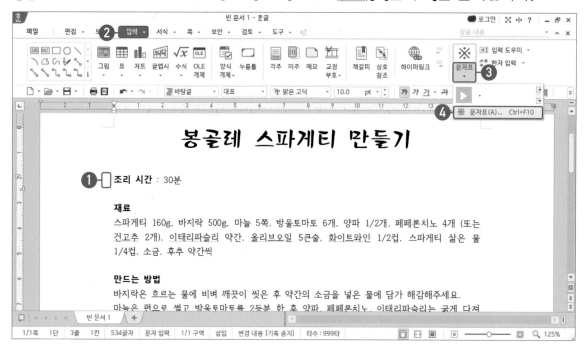

02 [문자표] 대화상자가 나타나면 [사용자 문자표] 탭을 선택합니다. [문자 영역]에서 '특수기호 및 딩뱃기호'를 클릭하고 [문자 선택]에서 '✓'를 선택한 후 [넣기] 버튼을 클릭합니다. 기호가 입력되면 Space Bar 키를 눌러 한 칸 띄웁니다.

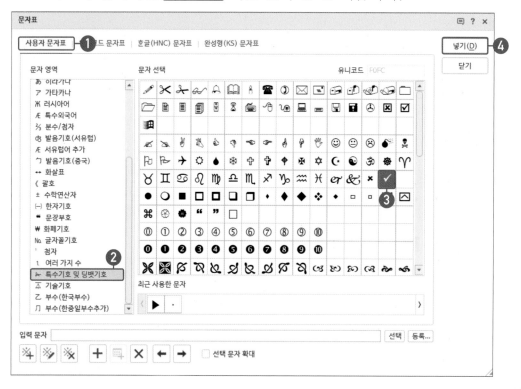

문자표

문자표를 이용해 다양한 문자를 입력할 수 있으며 [문자표] 대화상자의 바로 가기 키는 Ctrl + F10 입니다. 직전에 입력한 문자를 다시 입력하려면 [입력] 탭─[문자표( )]를 클릭합니다.

03 '재료' 앞을 클릭하고 [입력] 탭–[문자표(※)]를 클릭하여 '✓'를 삽입한 후 같은 방법으로 '만드는 방법' 앞에도 '✓'를 삽입합니다. 원문자를 삽입하기 위해 '바지락은' 앞을 클릭하고 Ctrl 키와 F10 키를 눌러 [문자표] 대화상자를 엽니다.

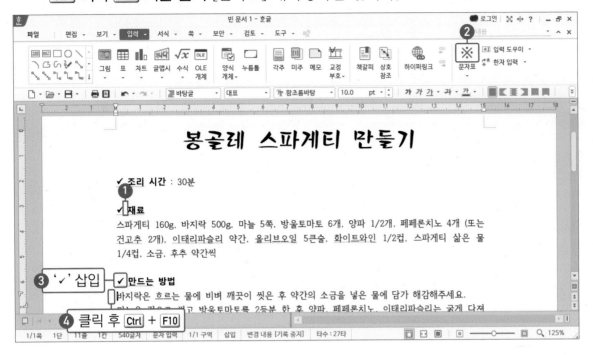

04 [문자표] 대화상자가 나타나면 [사용자 문자표] 탭의 [문자 영역]에서 '원문자'를 클릭하고 [문자 선택]에서 '①'을 선택한 후 [넣기] 버튼을 클릭합니다.

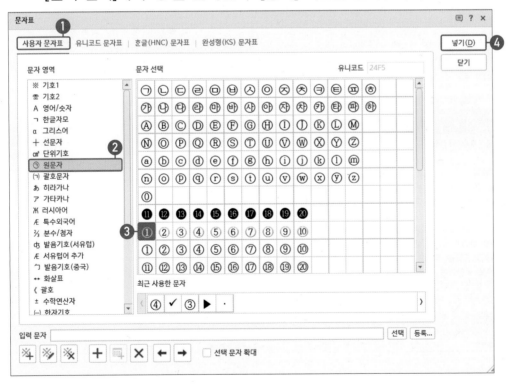

05 같은 방법으로 만드는 과정 앞에 '②~⑥'까지 원문자를 삽입합니다.

▶ 빠른 내어 쓰기

01 여러 줄로 입력했을 때 윗줄과 아랫줄의 위치를 맞추어 보기 좋게 정렬해 보겠습니다. '마늘' 앞을 클릭하고 Shift + Tab 키를 눌러 '져주세요.'의 위치를 정렬합니다.

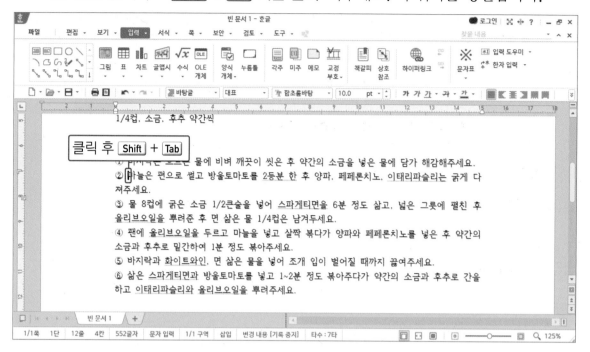

02 '③, ④, ⑥'의 아랫줄도 윗줄에 맞추기 위해 윗줄의 단어 앞을 클릭한 후 Shift + Tab 키를 눌러 정렬합니다.

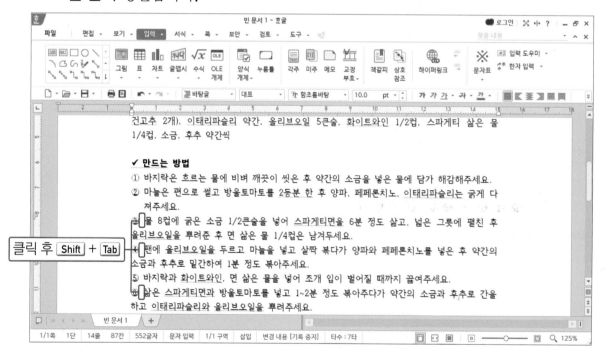

▶ 그림 삽입하기

01 '봉골레 스파게티 만들기' 뒤를 클릭하고 [Enter] 키를 눌러 빈 줄을 삽입합니다. 그림을 삽입해 위해 [편집] 탭–[그림(🖼)]을 클릭합니다.

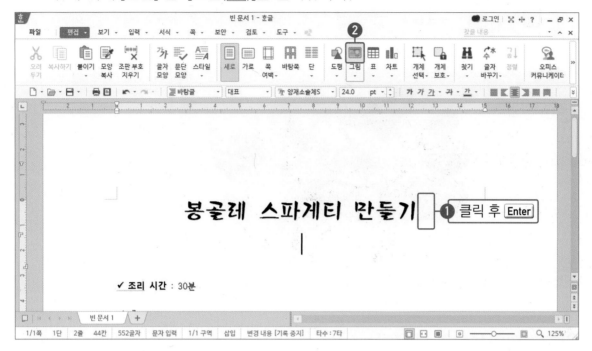

02 [찾는 위치]를 설정하고 '봉골레.jpg'를 선택합니다. '문서에 포함', '글자처럼 취급'에 체크하고 [열기] 버튼을 클릭합니다.

 잠깐

문서에 포함
'문서에 포함' 항목에 체크한 후 그림을 삽입하면 그림 파일이 문서 안에 함께 저장되므로 그림 파일을 따로 보관하지 않아도 됩니다.

03 그림이 삽입되면 그림을 선택한 후 [그림()] 탭의 그림 스타일에서 [회색 아래쪽 그림자]를 선택하고, 그림 크기에서 너비와 높이를 각각 '138mm', '78mm'로 설정합니다.

▶ 배경을 그러데이션으로 채우기

01 [쪽] 탭–[쪽 테두리/배경(▦)]을 클릭합니다.

02 [쪽 테두리/배경] 대화상자가 나타나면 [배경] 탭을 클릭한 후 [채우기]에서 '그러데이션'을 선택합니다. [유형]에서 '카오스'를 선택하고 [설정] 버튼을 클릭합니다.

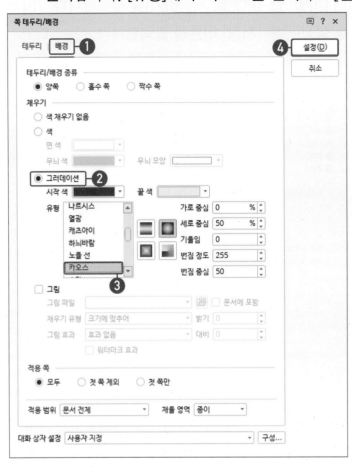

03 문서 전체를 확인하기 위해 [보기] 탭–[쪽 맞춤(▣)]을 클릭합니다. 배경에 카오스 색으로 그러데이션 효과가 나타난 것을 확인합니다.

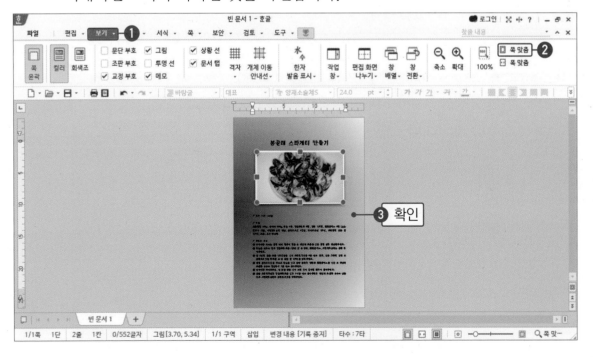

▶ PDF로 저장하기

01 한글 문서를 PDF 파일로 저장하기 위해 [파일] 탭–[PDF로 저장하기]를 클릭합니다. [PDF로 저장하기] 대화상자에서 **저장 경로를 설정**한 후 [저장] 버튼을 클릭합니다.

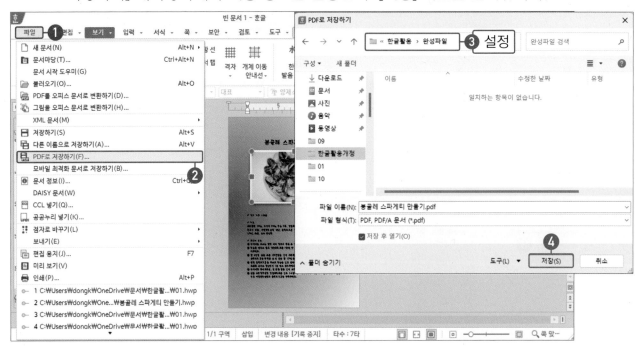

[PDF로 저장하기] 대화상자의 '저장 후 열기'에 체크되어 있으므로 저장이 완료되면 한PDF 프로그램이 자동으로 실행됩니다.

02 저장이 완료되면 한PDF 프로그램이 실행되어 한글 문서가 '봉골레 스파게티 만들기.pdf'로 저장된 것을 확인할 수 있습니다.

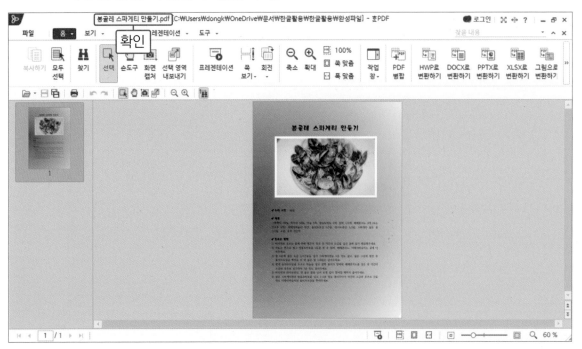

잠깐

[인쇄] 대화상자를 활용하여 PDF 문서 만들기

① 서식 도구 상자에서 [인쇄(🖨)]를 클릭합니다. [인쇄] 대화상자가 나타나면 [기본] 탭-[프린터 선택]에서 'Hancom PDF'를 선택하고 [인쇄] 버튼을 클릭합니다.

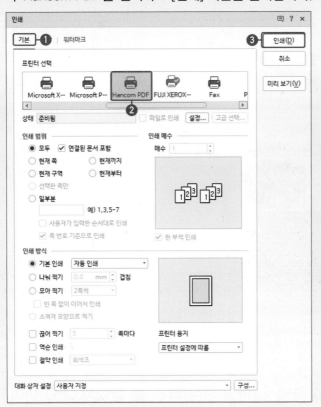

② [다른 이름으로 PDF 저장] 대화상자에서 저장 경로를 설정한 후 [저장] 버튼을 클릭합니다. [한컴 PDF] 대화상자가 나타나고 변환이 완료되면 [열기] 버튼을 클릭합니다.

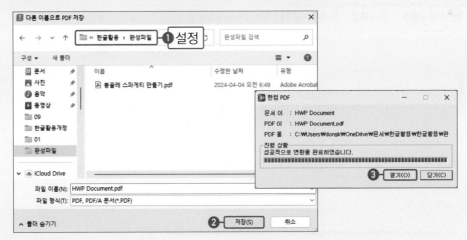

③ PDF와 기본으로 연결된 앱이 실행되면서 한글 문서를 PDF 문서로 볼 수 있습니다.

▶ 다른 파일 형식으로 저장하기

01 그림파일 형식인 'jpg'로 저장하기 위해 [파일] 탭–[다른 이름으로 저장하기]를 클릭합니다.

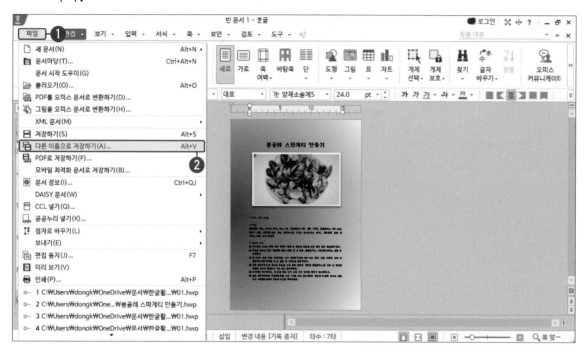

02 [다른 이름으로 저장하기] 대화상자에서 [파일 형식]의 ☑를 클릭해 'JPG 이미지(*.jpg)'를 선택하고 저장 경로를 설정한 후 [저장] 버튼을 클릭합니다.

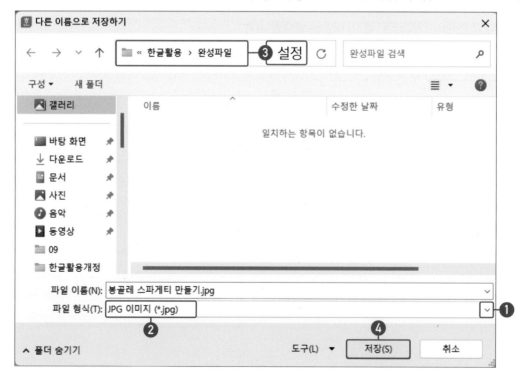

03 문서를 저장한 폴더에서 한글 문서가 '봉골레 스파게티 만들기001.jpg'로 저장된 것을 확인할 수 있습니다.

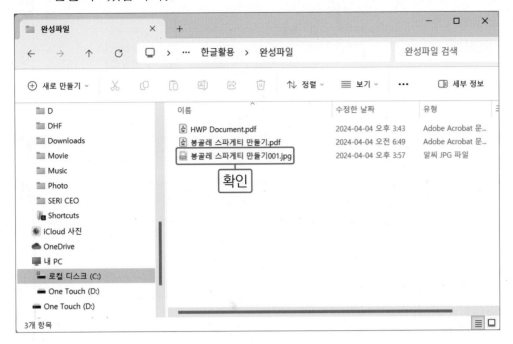

 한글 문서를 이미지로 저장하기
여러 페이지의 한글 문서를 이미지로 저장할 경우 각각의 페이지가 이미지로 저장되면서 파일 이름 끝에 일련번호가 부여됩니다.

▶ PDF를 오피스 문서로 변환하기

01 PDF 문서를 한글 문서로 변환하기 위해 [파일] 탭–[PDF를 오피스 문서로 변환하기]를 클릭합니다.

02 [PDF를 오피스 문서로 변환하기] 대화상자에서 한글 문서로 변환할 PDF 문서를 선택한 후 [열기] 버튼을 클릭합니다.

03 한글 문서로 변환하면 일부 속성이 변경될 수 있다는 경고창의 [확인] 버튼을 클릭합니다. 변환이 진행되는 창이 표시됩니다.

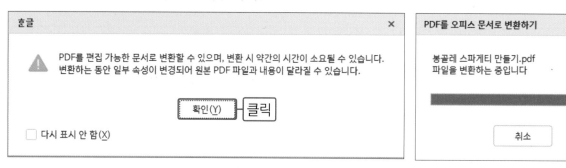

04 글꼴, 문서 형태 등이 변경되었지만 PDF 문서를 한글에서 편집할 수 있게 되었습니다. [보기] 탭–[쪽 맞춤(▣)]을 클릭하여 문서 전체를 확인합니다.

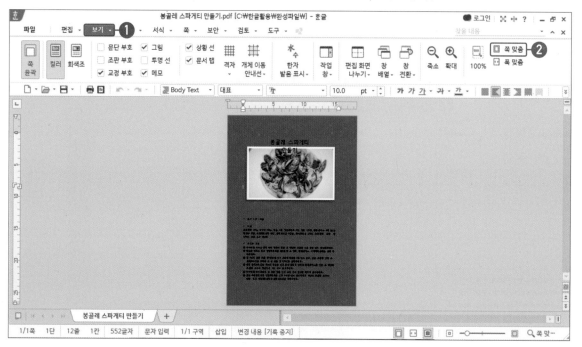

01 '스테이크.jpg'를 불러와 다음과 같이 문서를 만들고 파일 형식을 '서식 있는 인터넷 문서 (*.htm)'로 저장해 봅니다.

준비파일 스테이크.jpg

- 편집 용지 : 폭 – 210mm, 길이 – 297mm
- 글꼴 : 맑은 고딕
- 글자 크기 : 32pt, 10pt
- ▶,♣ : 훈글(HNC) 문자표 – 전각 기호(일반)
- 글자 색 : 빨강(RGB: 255,0,0)
  파랑(RGB: 0,0,255)

- 그림스타일 : 옅은 테두리 반사
- 테두리 종류 : 얇고 굵고 얇은 삼중선
- 테두리 굵기 : 2mm
- 테두리 색 : 노랑(RGB: 255,215,0) 50% 어둡게

 [다른 이름으로 저장하기] 대화상자에서 파일의 형식을 선택할 수 있습니다.

02 문제 **01**에서 만든 문서를 [인쇄] 대화상자를 이용하여 PDF 문서로 저장해 봅니다.

02 계획표 만들기

- 격자 보기
- 격자 설정하기
- 원 그리기
- 개체 묶기와 풀기

- 도형 회전하기
- 그리기마당
- 한컴 애셋

 완성파일 : 계획표.hwp

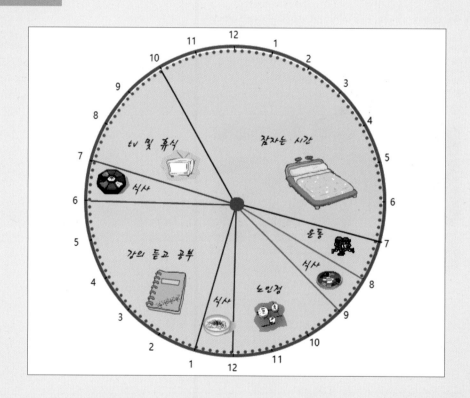

이번 장에서는 격자 보기를 활용해 계획표를 만들어 보겠습니다. 도형으로 계획표를 그린 후 중심점을 찾아 세밀하게 작업하는 방법, 회전각을 설정해 계획표를 균등하게 나누는 방법, 개체를 묶어 도형을 정확하게 배치하는 방법도 함께 공부해 봅니다. 계획표를 완성한 후에는 그리기마당의 그림을 활용해 계획표를 예쁘게 꾸며 보겠습니다.

01 격자에 대해 알아보기

▶ 격자

격자(Grid)란 점이나 선이 바둑판처럼 규칙적으로 배열되어 있는 것을 의미합니다. 도형을 그리거나 그림을 편집할 때 [격자 보기]를 이용하면 비율과 간격을 맞춰 세밀하게 작업할 수 있습니다.

- **격자 보기** : [보기] 탭–[격자(격자)]–[격자 보기]를 선택하거나, [보기] 탭에서 [격자(▦)]를 클릭하면 점이나 선으로 이루어진 격자를 확인할 수 있습니다. [격자 보기]를 활용하면 도형이나 그림을 더 세밀하게 편집할 수 있습니다.

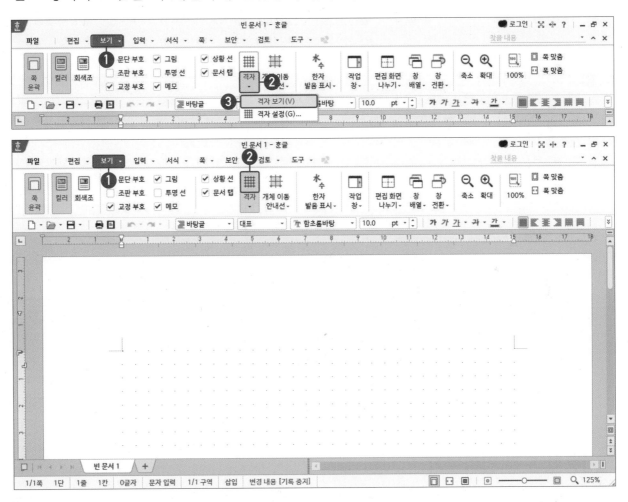

 격자 숨기기

[보기] 탭에서 [격자(▦)]를 클릭하거나, [보기] 탭–[격자(격자)]–[격자 보기]를 선택하면 격자를 숨길 수 있습니다.

▶ 개체 이동 안내선

개체 이동 안내선은 최대 3×3 배열의 안내선입니다. 개체를 이동하거나 크기를 조절할 때 가로세로 비율과 중심에 맞춰 정확하게 이동할 수 있도록 도와줘 여러 개의 개체를 정렬할 때 사용하면 편리합니다.

• 개체 이동 안내선 보기 : [보기] 탭-[개체 이동 안내선(개체이동 안내선▼)]-[개체 이동 안내선 보기]를 선택하거나, [보기] 탭에서 [개체 이동 안내선(⊞)]을 클릭한 후 개체를 이동하면 개체 이동 안내선이 보입니다.

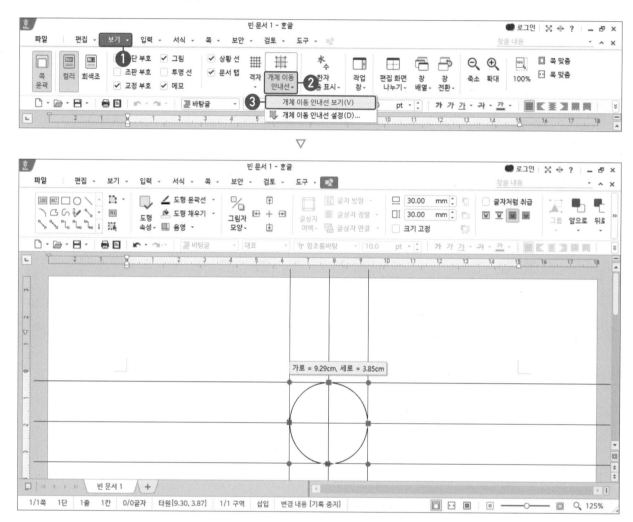

▶ 사용할 도구 알아보기

도구	설명
⊞ (격자)	편집 화면에서 격자를 보이거나 숨깁니다.
⊞ (개체 이동 안내선)	개체를 이동하거나 크기를 조절할 때 개체의 위치에 따라 안내선을 보이거나 숨깁니다.
▧ (그리기마당)	많이 쓰이는 개체를 미리 만들어 등록해 놓고, 필요할 때마다 등록된 개체를 가져다 원하는 그림을 쉽고 빠르게 그리는 방식으로, 한글에서 제공하는 다양한 그리기 조각과 클립아트를 다운로드하여 사용할 수 있습니다.

도형으로 계획표 만들기

▶ 격자 설정하기

01 세밀한 작업을 하기 위해 [보기] 탭–[격자(격자)]–[격자 보기]를 클릭합니다.

02 점으로 이루어진 격자가 나타납니다. 격자를 가로/세로선으로 변경하기 위해 [보기] 탭–[격자(격자)]–[격자 설정]을 클릭합니다.

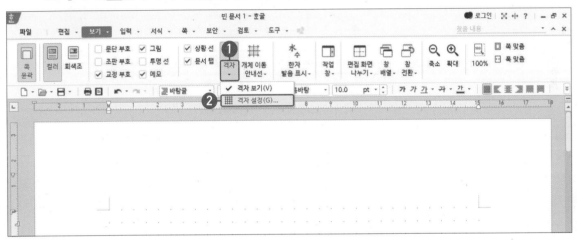

03 [격자 설정] 대화상자에서 [격자 보기]는 [가로/세로선(▦)], [격자 위치]는 '글 뒤', [격자 방식]은 '격자에만 붙이기'를 선택합니다. [격자 간격]의 [가로]와 [세로]를 '10mm'로 설정하고 [격자 기준 위치]는 '쪽'으로 선택한 후 [설정] 버튼을 클릭합니다.

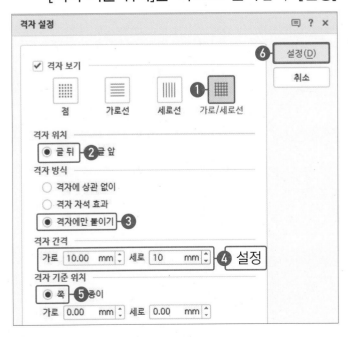

 격자 방식
개체를 격자에 상관없이 그릴 것인지, 격자에 맞춰 그릴 것인지, 격자의 작동 방식을 설정할 수 있습니다.

▶ 원형 그리기

01 10mm 간격의 격자가 나타납니다. [입력] 탭에서 [타원(○)]을 선택한 후 Ctrl 키와 Shift 키를 누른 채 드래그하여 중심으로부터 커지는 원을 그립니다.

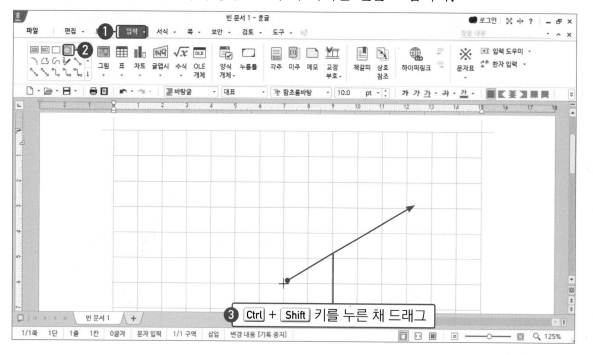

중심으로부터 커지는 원 그리기

원을 그릴 때 Ctrl 키나 Shift 키를 누르지 않으면 클릭한 점에서 마우스가 움직이는 방향으로 원이 그려집니다. Shift 키를 누른 채 드래그하면 클릭한 점에서 시작하는 '정원'을 그릴 수 있고, Ctrl 키를 누른 채 드래그하면 드래그한 방향의 반대 방향으로 길어지는 '타원'을 그릴 수 있습니다. Ctrl + Shift 키를 누른 채 드래그하면 클릭한 점을 중심으로 커지는 원을 그릴 수 있습니다.

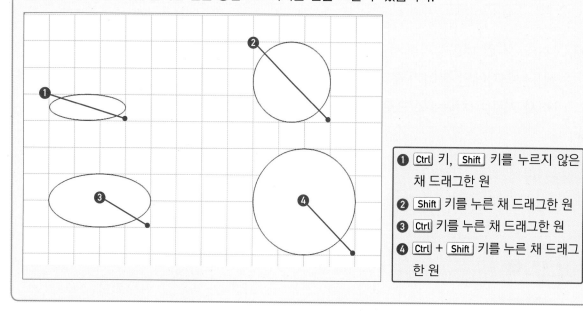

❶ Ctrl 키, Shift 키를 누르지 않은 채 드래그한 원
❷ Shift 키를 누른 채 드래그한 원
❸ Ctrl 키를 누른 채 드래그한 원
❹ Ctrl + Shift 키를 누른 채 드래그한 원

02 너비와 높이가 10cm일 때 손을 떼면 격자에 딱 맞게 원이 그려집니다. 원이 그려지면 [도형()] 탭-[도형 채우기(◈)]의 ▼를 클릭한 후 [없음]으로 설정합니다.

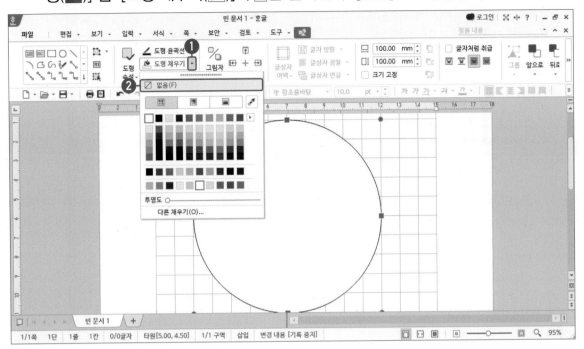

💡 잠깐

[도형(◪)] 탭
도형이 선택되어 있을 때만 [도형(◪)] 탭이 활성화됩니다.

03 [도형(◪)] 탭-[도형 윤곽선(✎)]의 ▼를 클릭한 후 '초록(RGB: 0,128,0)'으로 설정합니다.

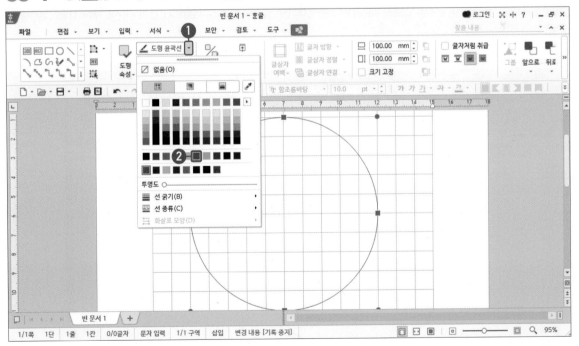

04 다시 [도형(￼)] 탭–[도형 윤곽선(￼)]의 ￼를 클릭한 후 [선 굵기(￼)]를 '1mm'로 설정합니다.

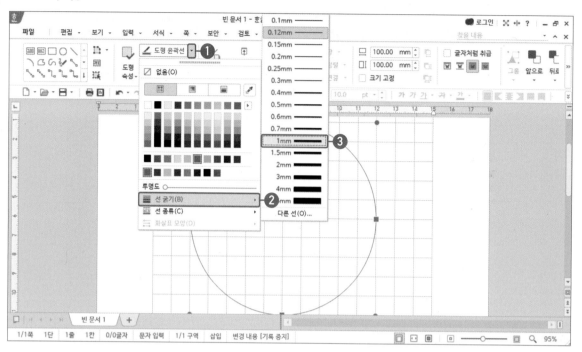

▶ 시간선 그리기

01 원이 선택된 상태에서 [도형(￼)] 탭에서 [직선(￼)]을 클릭합니다.

02 원 안에서 드래그하여 다음과 같이 교차하는 두 개의 직선을 그립니다. 세로선을 클릭하고 Shift 키를 누른 채 가로선을 클릭한 후 [도형(￼)] 탭–[그룹(￼)]–[개체 묶기]를 클릭합니다.

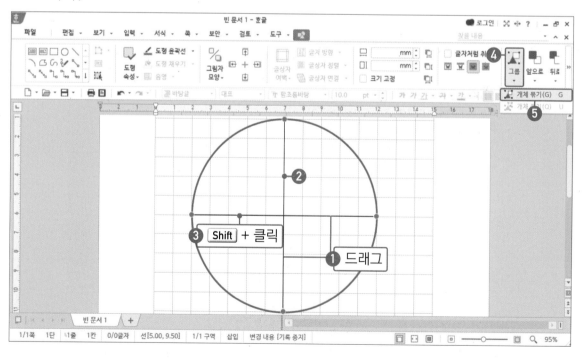

03 개체 묶기된 두 직선을 Ctrl + C 키를 눌러 복사하고 Ctrl + V 키를 눌러 붙여 넣은 후 [도형(⟐)] 탭-[도형 속성(⟱)]을 클릭합니다.

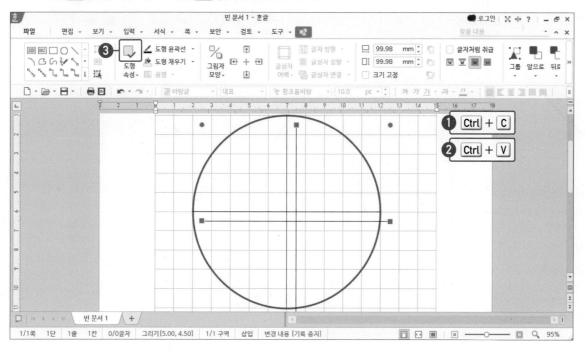

04 [개체 속성] 대화상자가 나타나면 [기본] 탭에서 [개체 회전]의 [회전각]을 '15°'로 설정하고 [설정] 버튼을 클릭합니다.

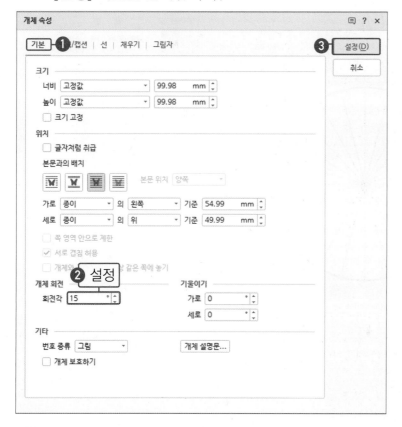

잠깐

시간 회전각

하루는 24시간이므로 360°를 24로 나누면 15입니다. 따라서 각 시간은 15°씩 회전하게 됩니다.

05 15° 회전한 직선을 방향키를 사용하여 원의 중심에 맞게 이동합니다.

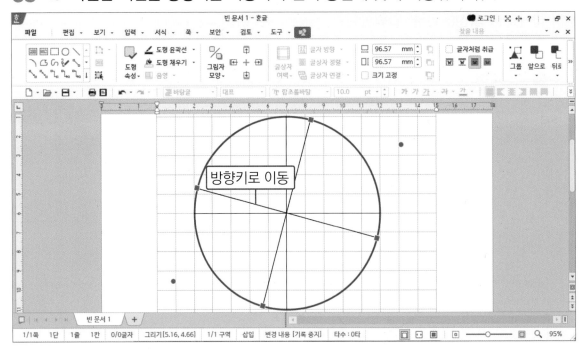

06 같은 방법으로 회전한 직선을 복사한 후 [개체 속성] 대화상자에서 [회전각]을 '30°', '45°', '60°', '75°'로 각각 설정하고 다음과 같이 원의 중심에 맞게 이동합니다.

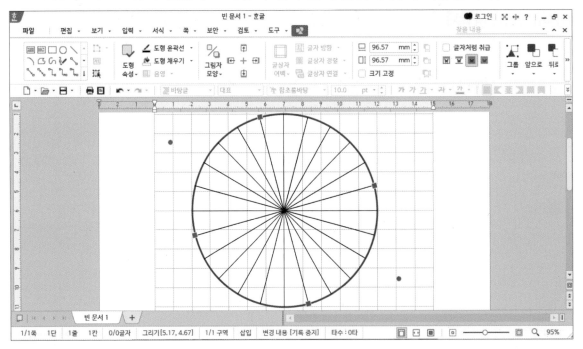

▶ 시간 입력하기

01 격자 방식을 변경하기 위해 [보기] 탭–[격자(격자)]–[격자 설정]을 클릭합니다.

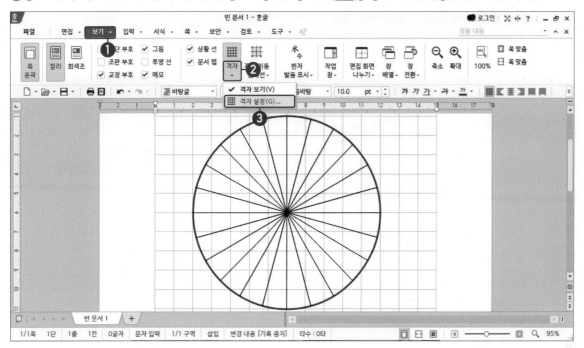

02 [격자 설정] 대화상자에서 [격자 방식]을 '격자에 상관 없이'로 선택한 후 [설정] 버튼을 클릭합니다.

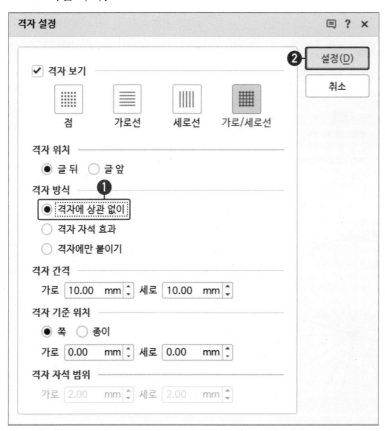

03 [입력] 탭에서 [가로 글상자(📧)]를 클릭한 후 다음과 같이 드래그하여 가로 글상자를 그리고 [글꼴]은 '맑은 고딕', [글자 크기]는 '9pt'로 설정한 후 '12'를 입력합니다.

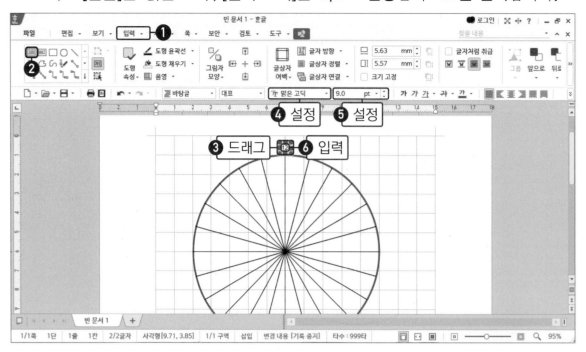

 '격자에 상관 없이' 배치하기
[격자 방식]을 '격자에 상관 없이'로 설정했기 때문에 격자와 상관없이 가로 글상자를 배치할 수 있습니다.

04 글상자를 선택한 상태에서 [도형(📧)] 탭-[도형 윤곽선(✏)]의 ▾를 클릭한 후 '없음'으로 설정합니다. [도형(📧)] 탭-[도형 채우기(🖌)]의 ▾를 클릭한 후 '없음'으로 설정합니다.

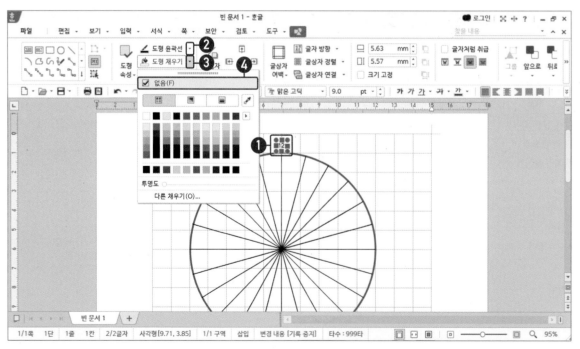

05 같은 방법으로 가로 글상자를 삽입해 다음과 같이 시간을 입력합니다.

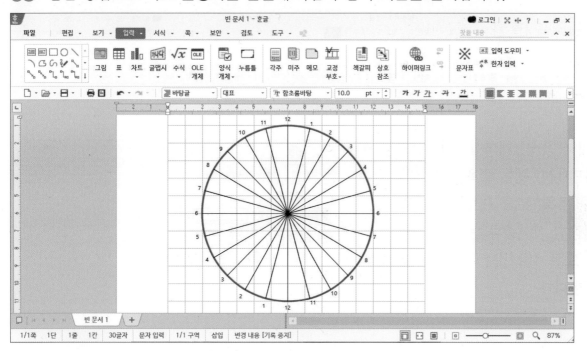

▶ 원 꾸미기

01 [입력] 탭에서 [타원(◯)]을 선택한 후 중심에 커서를 위치시킨 후 Ctrl + Shift 키를 누른 채 드래그하여 중심으로부터 커지는 원을 바깥쪽 원보다 약간 작게 그립니다.

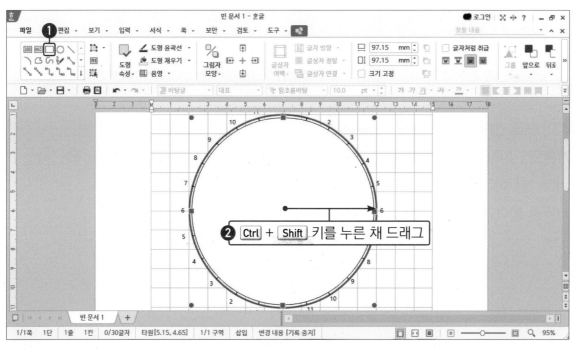

[타원(◯)]은 [도형] 탭과 [입력] 탭에서 선택할 수 있습니다.

02 원을 꾸미기 위해 [도형(📐)] 탭-[도형 속성(🔲)]을 클릭합니다.

03 [개체 속성] 대화상자가 나타나면 [선] 탭을 클릭하고 [색]은 '초록(RGB: 0,128,0)'으로 설정한 후 [종류]는 '원형 점선'으로, [굵기]는 '1mm'로 설정합니다.

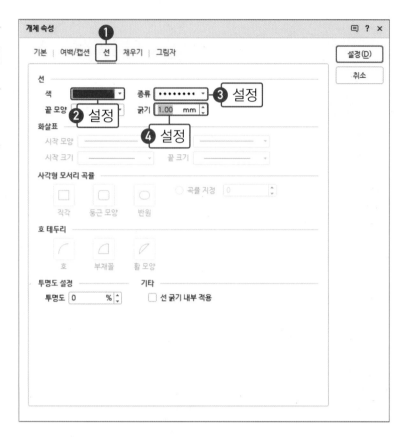

04 [채우기] 탭을 선택한 후 [면 색]은 기본의 '초록(RGB: 40,155, 110) 80% 밝게'로 설정하고 [설정] 버튼을 클릭합니다.

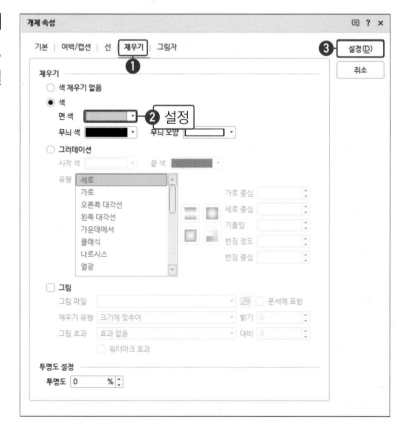

▶ 계획표 영역 나누기

01 [입력] 탭에서 [직선(◥)]을 선택하여 계획에 맞게 두 개의 직선을 그린 후 Shift 키를 누르고 두 직선을 선택합니다.

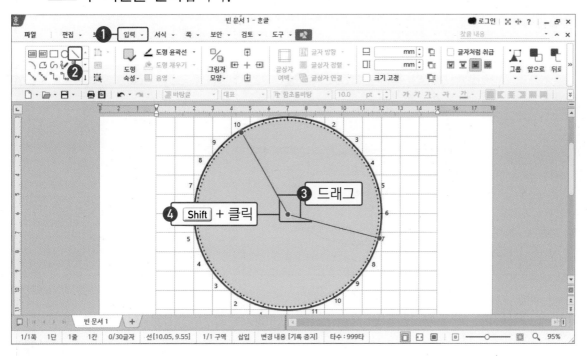

02 [도형(⬛)] 탭–[도형 윤곽선(◢)]의 ▾를 클릭한 후 '검은 군청(RGB: 27,23,96)', [선 굵기]는 '0.4mm'로 설정합니다.

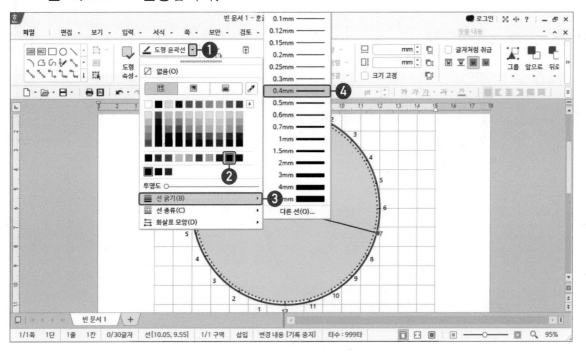

03 같은 방법으로 자신의 계획에 맞게 직선을 만들어 영역을 나누고 선 색을 바꿔 줍니다.

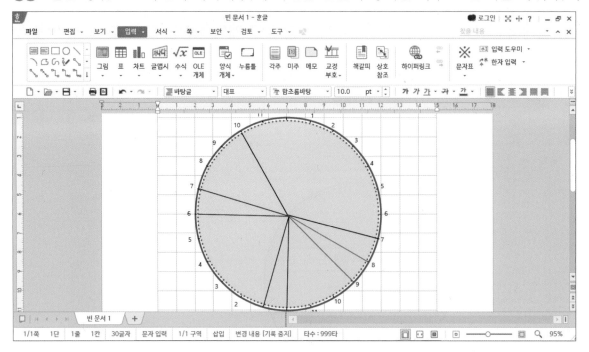

04 계획표에 중심점을 만들어 보겠습니다. [입력] 탭에서 [타원(○)]을 선택하고 중심에 커서를 위치시킨 후 Ctrl + Shift 키를 누른 채 드래그하여 중심점을 만듭니다. [도형(◪)] 탭-[도형 윤곽선(✎)]의 ⏷를 클릭한 후 '없음', [도형(◪)] 탭-[도형 채우기(◈)]의 ⏷를 클릭한 후 '초록(RGB: 0,128,0)'으로 설정합니다.

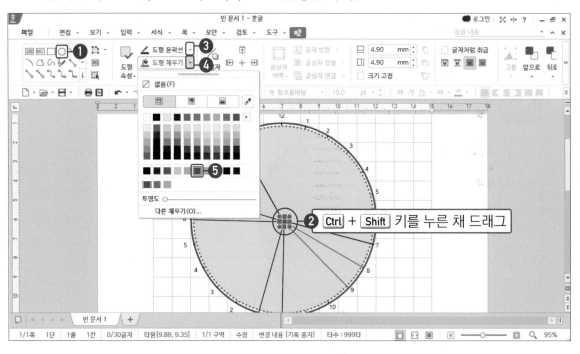

▶ 그리기마당으로 꾸미기

01 [입력] 탭에서 [가로 글상자(▤)]를 클릭한 후 드래그합니다. 서식 도구 상자에서 [글꼴]
은 '한컴 쿨재즈 B'로, [글자 크기]는 '13pt'로 설정하고 '잠자는 시간'이라고 입력합니다.

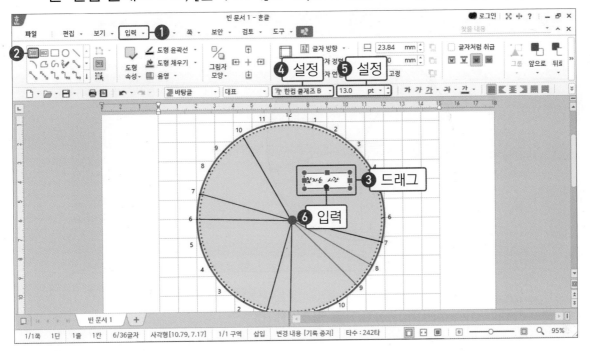

02 글상자를 선택한 상태에서 [도형(▨)] 탭–[도형 윤곽선(✎)]의 ▾를 클릭한 후 '없음',
[도형(▨)] 탭–[도형 채우기(◈)]의 ▾를 클릭한 후 '없음'으로 설정합니다.

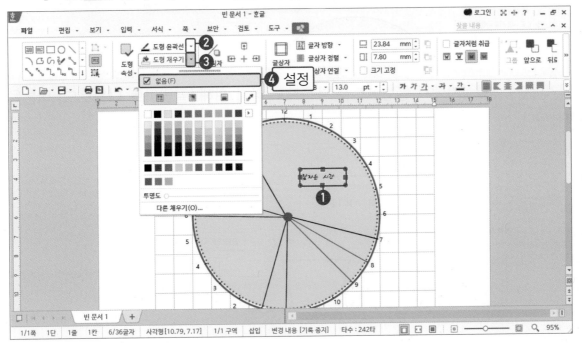

03 같은 방법으로 계획표의 다른 영역에도 다음과 같이 **입력합니다.**

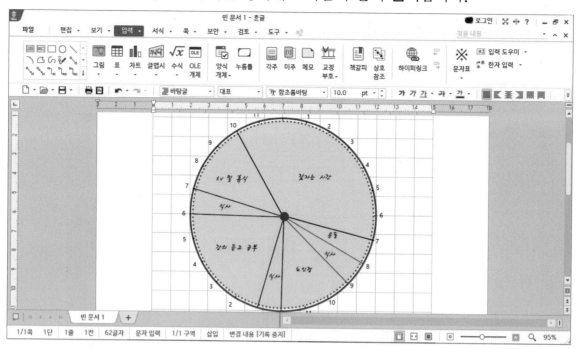

04 [입력] 탭-[그림(그림)]-[그리기마당(🖼)]을 클릭합니다.

05 [그리기마당] 대화상자에서 클립아트를 다운로드 하기 위해 [클립아트 다운로드] 버튼을 클릭합니다.

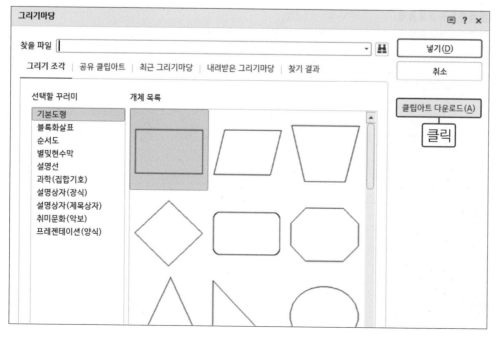

• [그리기마당] 대화상자에서 [클립아트 다운로드] 버튼이 보이지 않으면, [도구] 탭-[한컴 애셋()]을 클릭하면 [한컴 애셋] 창이 나타납니다.

• 한컴 애셋에서는 클립아트, 글꼴, 다양한 문서 서식 등을 제공하여, 세련되고 완성도 높은 문서를 만들 수 있습니다.

06 [한컴 애셋] 창이 나타나면 [그리기 조각] 탭을 클릭합니다. 검색 창에 다운로드 할 검색 어 '침대'를 입력해 검색한 후 체크하고 오른쪽 상단의 ▣를 클릭합니다.

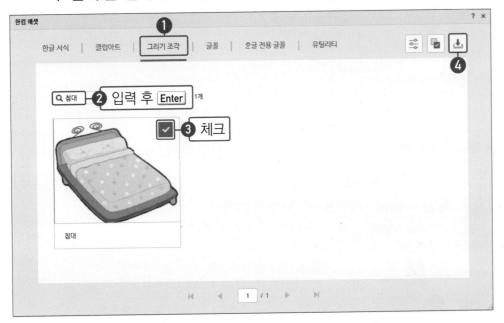

07 콘텐츠 내려받기가 완료되면 내려받기가 완료되었다는 창에 '다시 표시 안 함'에 체크한 후 [확인] 버튼을 클릭합니다. 같은 방법으로 필요한 그리기 조각을 모두 내려받기한 후 [한컴 애셋] 창을 닫습니다.

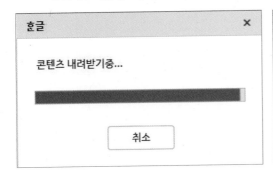

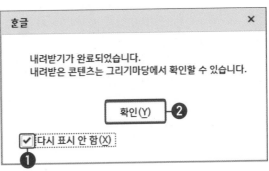

08 [그리기마당] 대화상자의 [내려받은 그리기마당] 탭을 클릭한 후 내려받은 그리기 조각 중 계획표 영역과 어울리는 그림을 선택하고 [넣기] 버튼을 클릭합니다. 해당 영역에 드래그하여 삽입합니다.

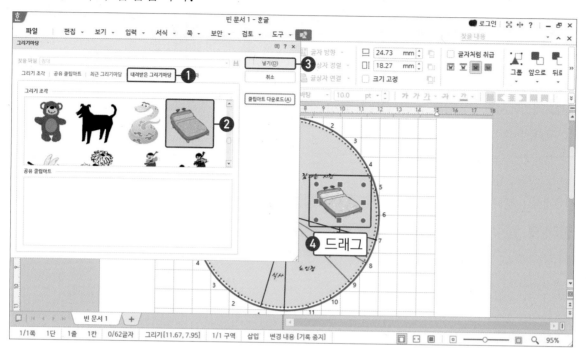

09 같은 방법으로 계획표 영역별로 어울리는 그림을 찾아 삽입하여 계획표를 완성합니다. [보기] 탭-[격자(格子)]-[격자 보기]를 선택하여 격자를 숨긴 후 서식 도구 상자에서 [저장하기(🖫)]를 클릭하고 파일 이름을 '계획표'로 저장합니다.

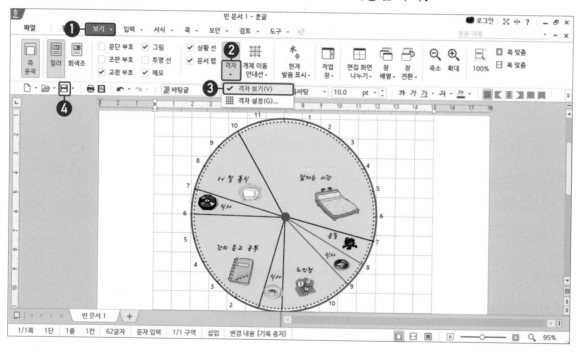

01 조직도를 그리기 위해 격자 보기를 설정한 후 다음과 같이 조직도를 그립니다.

- 격자 설정
  - 격자 방식 : 격자에만 붙이기
  - 격자 간격 : 가로/세로(5mm)

- 가로 글상자
  - 선 굵기 : 0.12mm
  - 글꼴 : 맑은 고딕
  - 글자 크기 : 10pt
  - 진하게

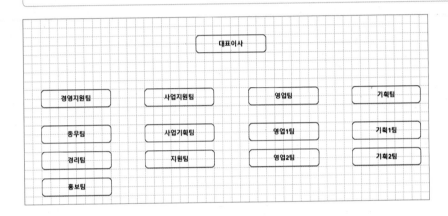

02 문제 **01**의 조직도를 다음과 같이 꾸민 후 꺾인 연결선으로 조직도를 완성합니다.

- 가로 글상자 및 꺾인 연결선의 선 색 : 파랑(RGB: 0,0,255)
- 가로 글상자 채우기 색 및 그림자
  - 대표이사 : 하늘색(RGB: 97,130,214)
  - 그림자 : 오른쪽 아래
  - 경영지원팀, 사원지원팀, 영업팀, 기획팀 : 하늘색(RGB: 97,130,214) 80% 밝게

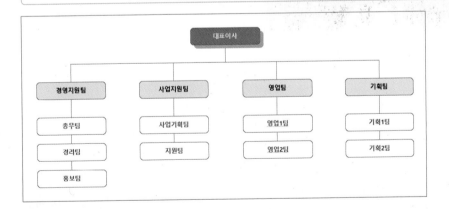

 그림자 모양은 [도형(　)] 탭-[그림자 모양(　)]-[오른쪽 아래]를 클릭하여 설정합니다.

03 문제 **02**에서 만든 문서를 '조직도.hwp'로 저장해 봅니다.

03 여행지 소개 보고서 만들기

- 글상자 꾸미기
- 워터마크 효과 적용하기
- 문단 번호

- 개요 보기
- 상용구 등록하고 삽입하기
- 스타일 적용하기

미·리·보·기

📁 준비파일 : 여행.hwp, koln.jpg
📁 완성파일 : 여행소개.hwp

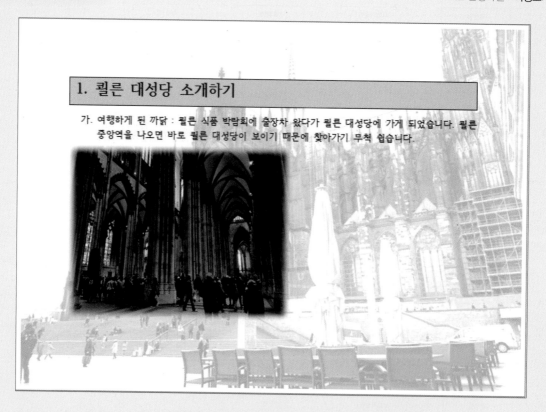

이번 장에서는 글상자를 활용해 제목글을 만들고 문단 번호를 이용해 목차를 작성하겠습니다. 상용구를 등록하고 사용하는 방법과 문단에 개요를 적용하는 방법, 개요의 스타일을 변경해 문서 전체에 적용하는 방법도 함께 알아봅니다.

문단 번호와 개요에 대해 알아보기

▶ 문단 번호란?

여러 개의 항목을 나열할 때 문단 머리에 번호를 매길 수 있습니다. 문단 번호는 '7수준'까지 단계별로 번호를 지정할 수 있으며, 문단 번호를 매긴 문장의 순서가 바뀌면 문단 번호도 자동으로 변경됩니다.

• 문단 번호 : 문단 번호를 넣을 곳을 클릭하거나 드래그하여 블록으로 지정하고 [서식] 탭-[문단 번호(▤)]의 ▾를 클릭한 후 원하는 문단 번호를 선택합니다.

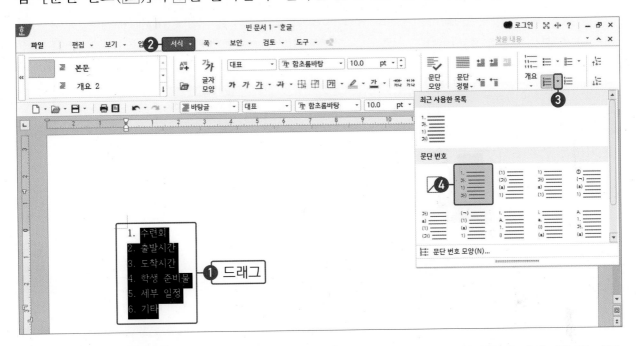

• 한 수준 감소 문단 번호 : 문단 번호를 한 수준 감소할 곳을 드래그한 후 [서식] 탭-[한 수준 감소(▤)]를 클릭합니다. 문단 번호가 '2수준'으로 바뀐 것을 확인할 수 있습니다. 계속해서 [한 수준 감소(▤)]를 클릭하면 '7수준'까지 설정할 수 있습니다.

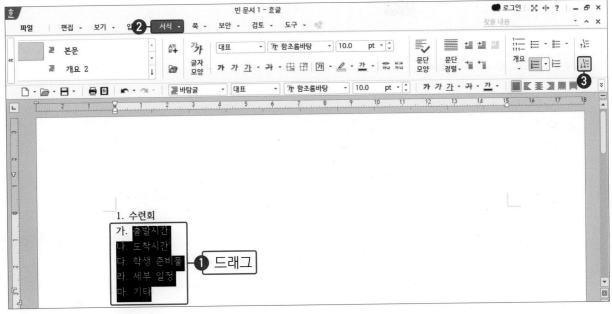

▶ 개요란?

개요는 문서의 목차를 정리해 놓은 것으로 개요를 훑어보면 문서를 끝까지 보지 않아도 어떤 내용이 있는지 대략적으로 알 수 있습니다.

- 개요 : 개요를 넣을 곳을 클릭하거나 드래그하여 블록으로 지정하고 [서식] 탭-[개요(개요)]를 클릭한 후 원하는 개요 모양을 선택합니다. 한 수준 감소할 곳을 클릭하거나 드래그하여 블록으로 지정한 후 [한 수준 감소(감소)]를 클릭합니다. 문단별 개요 수준을 조정합니다.

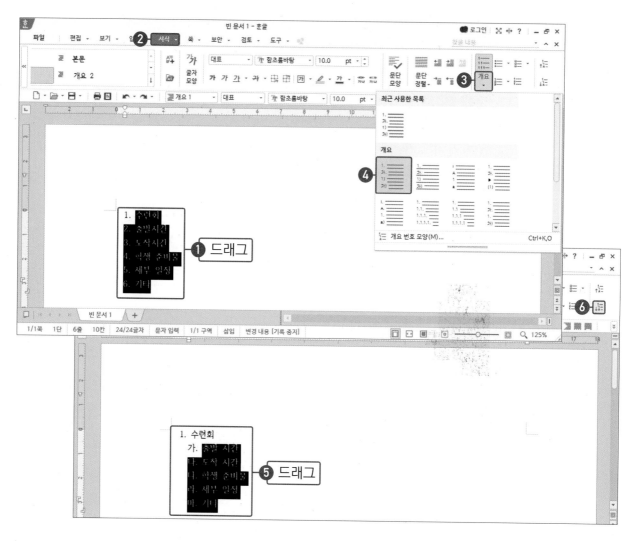

▶ 사용할 도구 알아보기

도구	설명
(문단 번호)	여러 개의 항목을 나열할 때 문단 머리에 문단 번호를 적용하거나 해제합니다.
(글머리표)	여러 개의 항목을 나열할 때 문단 머리에 글머리표를 적용하거나 해제합니다.
(그림 글머리표)	여러 개의 항목을 나열할 때 문단 머리에 그림 글머리표를 적용하거나 해제합니다.
(개요)	여러 개의 항목을 나열할 때 문단 머리에 개요를 적용하거나 해제합니다.
(한 수준 증가) (한 수준 감소)	개요나 문단 번호의 수준을 증가시키거나 감소시킵니다.

▶ 제목 페이지 만들기

01 서식 도구 상자에서 [불러오기(📁)]를 클릭한 후 준비파일 '여행.hwp'를 불러옵니다.

02 제목글을 만들기 위해 [입력] 탭에서 [가로 글상자(▤)]를 선택한 후 드래그하여 가로 글상자를 만듭니다.

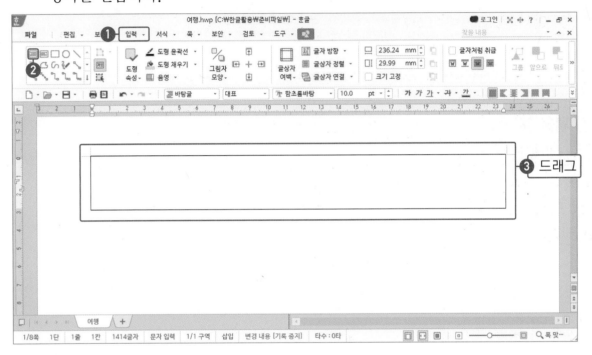

03 서식 도구 상자에서 [글꼴]은 '한컴 소망 B', [글자 크기]는 '72pt', [글자 색(🔲)]은 '검은 군청(RGB: 27,23,96)', [가운데 정렬(▤)]로 설정한 후 가로 글상자에 '쾰른 대성당에 가다'를 입력합니다. [도형(🔲)] 탭-[도형 속성(🔲)]을 클릭합니다.

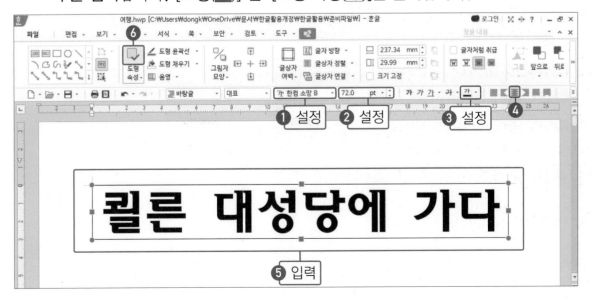

04 [개체 속성] 대화상자가 나타나면 [기본] 탭에서 [위치]는 [가로], [세로] 모두 '종이', '가운데'로 설정합니다.

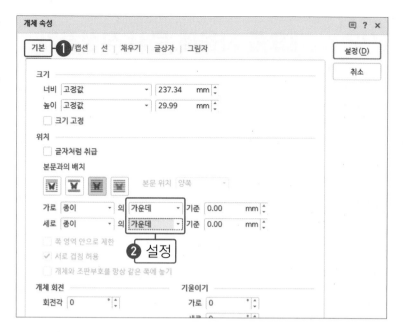

05 [선] 탭을 클릭하고 [색]은 '검은 군청(RGB: 27,23,96)', [굵기]는 '1mm'로 설정한 후 [사각형 모서리 곡률]은 '둥근 모양(□)'으로 설정합니다.

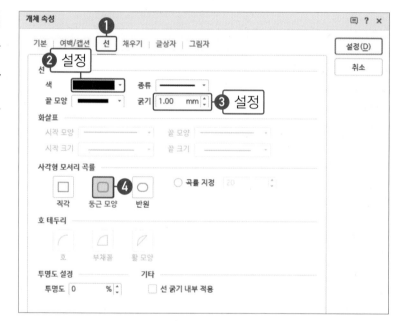

06 [채우기] 탭에서 '색'을 선택한 후 [면 색]은 남색(RGB: 58,60,132) 80% 밝게', [무늬 색]은 '검은 군청(RGB: 27,23,96)', [무늬 모양]은 '눈금무늬'로 설정하고 [설정] 버튼을 클릭합니다.

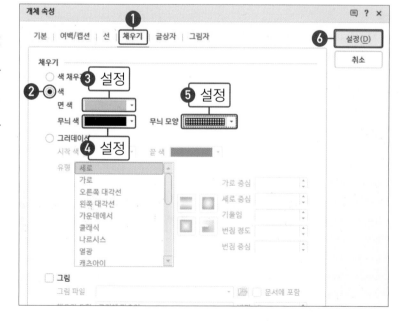

07 쪽 배경에 그림을 삽입하기 위해 [쪽] 탭-[쪽 테두리/배경(▣)]을 클릭합니다.

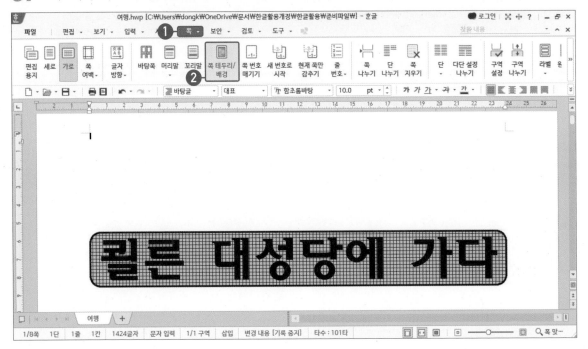

08 [쪽 테두리/배경] 대화상자의 [배경] 탭에서 '그림'을 체크하고 [그림 선택(▣)]을 클릭합니다. [그림 넣기] 대화상자에서 [찾는 위치]를 설정하고 'koln.jpg'를 선택한 후 [열기] 버튼을 클릭합니다. [쪽 테두리/배경] 대화상자로 돌아오면 '문서에 포함'과 '워터마크 효과'를 체크한 후 [설정] 버튼을 클릭합니다.

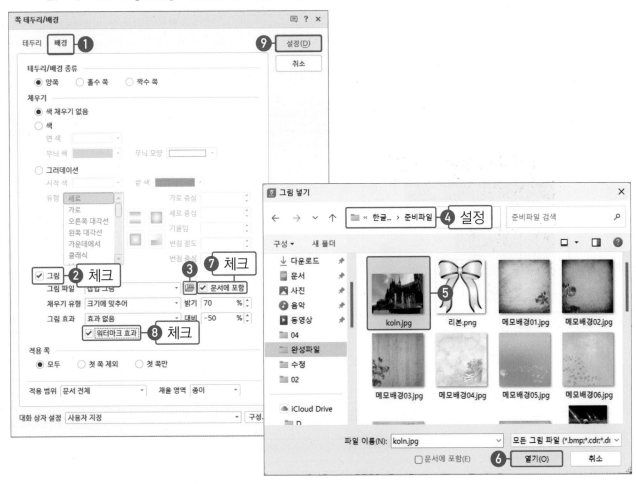

09 문서 전체 쪽마다 투명한 그림이 삽입되었고 제목 페이지가 완성되었습니다.

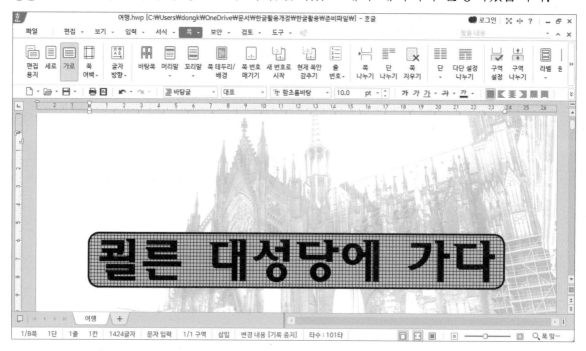

▶ 문단 번호 만들기

01 2쪽으로 이동한 후 목차를 만들기 위해 '쾰른 대성당 소개하기'부터 '여행 후기'까지 드래 그하여 블록으로 지정합니다. [서식] 탭–[문단 번호(▤)]의 ▾를 클릭한 후 원하는 문단 번호 모양을 선택합니다.

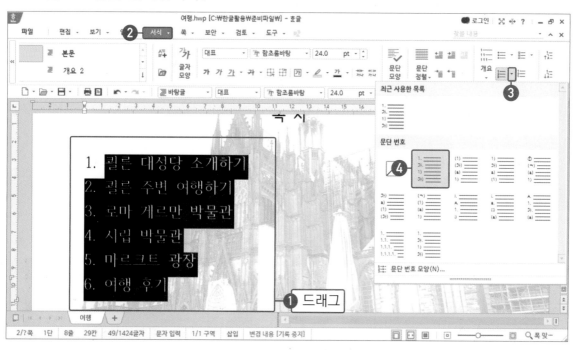

 잠깐

문단 번호 적용/해제

문단 번호 적용/해제하려면 바로 가기 키 Ctrl + Shift + Insert 를 눌러서 적용하거나 해제합니다.

02 '로마 게르만 박물관'부터 '마르크트 광장'을 드래그하여 블록으로 지정한 후 [서식] 탭–
[한 수준 감소(📄)]를 클릭합니다.

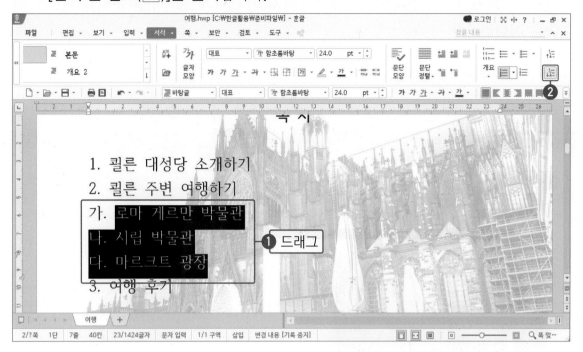

03 하위 수준으로 설정되면서 '2수준'의 문단 번호가 지정되었습니다. Esc 키를 눌러 블록을
해제합니다.

잠깐

새로운 문단 번호로 시작하기

새 문단 번호로 시작할 곳을 클릭하고 [서식] 탭–[문단 번호 새 번호로 시작(📄)]을 클릭하면 커서가 위
치한 곳의 문단 번호가 '1'로 변경됩니다.

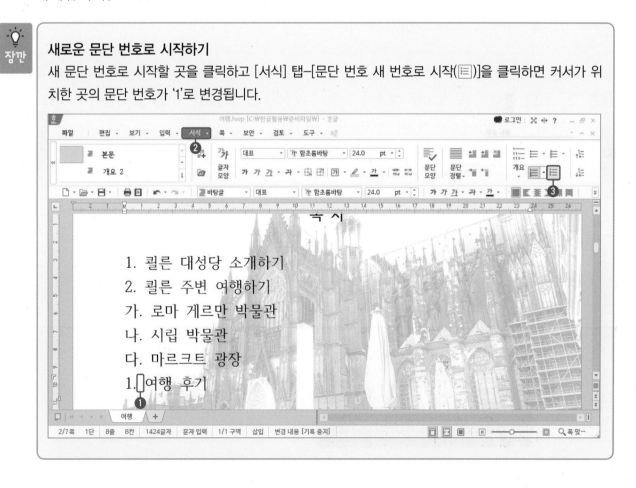

▶ 개요 번호 만들기

01 3쪽의 내용을 드래그하여 블록으로 지정한 후 [서식] 탭-[개요(📋)]를 클릭해 원하는 개요 모양을 선택합니다.

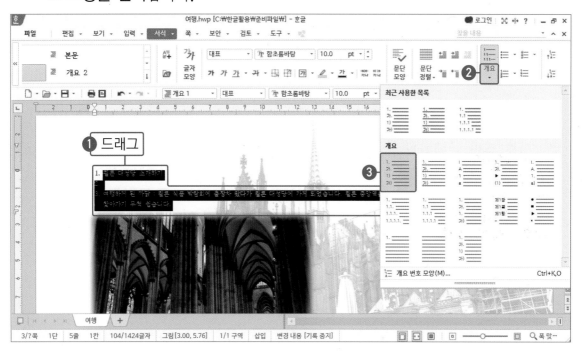

 개요 바로 가기 키
개요를 적용하고 해제할 수 있는 바로 가기 키는 Ctrl + Insert 입니다.

02 '2.' 뒤를 클릭하고 개요를 해제하기 위해 [서식] 탭-[개요(📋)]를 클릭합니다. 개요가 해제되어 '2.'는 없어지고 '3.'이 '2.'로 변경됩니다.

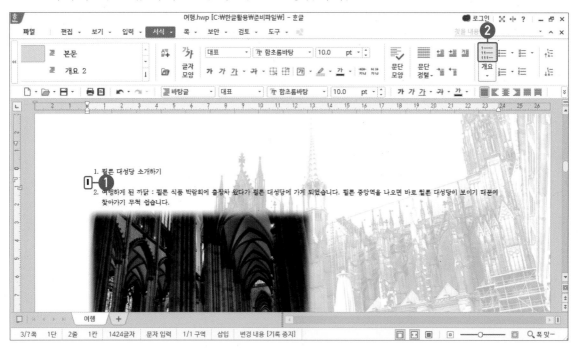

03 '쉽습니다.' 뒤를 클릭하고 [서식] 탭에서 [한 수준 감소(圖)]를 클릭합니다. 수준이 감소되어서 '2.'는 '가.'로 바뀝니다.

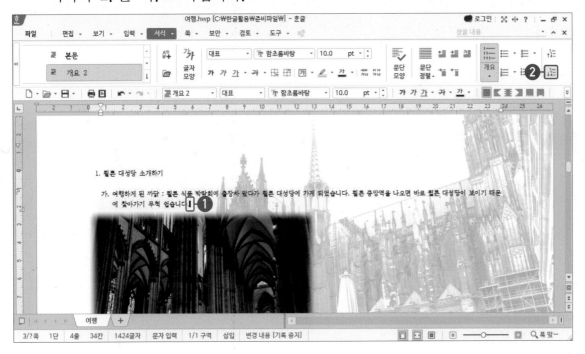

04 '4~8쪽'까지 개요를 설정합니다. 문서 전체의 개요를 확인하기 위해 [보기] 탭–[작업 창(□)]–[개요 보기]를 클릭합니다. 개요를 확인한 후에 ☒를 클릭하여 개요 보기 창을 닫습니다.

개요 보기
현재 문서의 '개요' 문단만 모아서 보여 줍니다. [개요 보기] 창에서 개요 문단을 누르면 문서 편집 창의 해당 위치로 빠르게 이동할 수 있습니다.

▶ 상용구 등록하기

01 2쪽으로 이동하고 '1. 쾰른' 뒤에 '(K'를 입력한 후 [입력] 탭–[문자표(문자표)]–[문자표]를 클릭합니다.

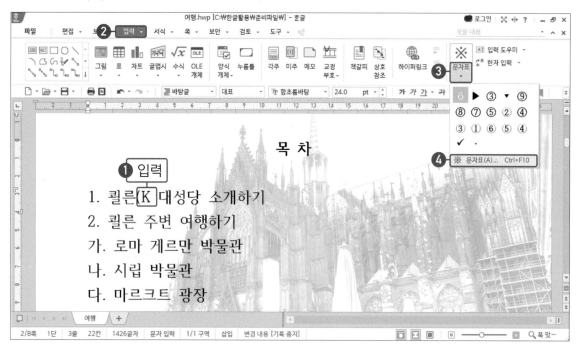

02 [문자표] 대화상자의 [사용자 문자표] 탭–[서유럽어 추가]에서 'Ö'를 선택한 후 [넣기] 버튼을 클릭합니다.

03 'ln)'를 입력한 후 'Köln'을 드래그하여 블록으로 지정하고 [입력] 탭–[입력 도우미 (☒)]–[상용구]–[상용구 등록]을 클릭합니다.

04 [글자 상용구 등록] 대화상자에서 블록으로 설정한 부분이 [본말]에, 블록으로 설정된 내용 중 첫 번째 글자가 [준말]에 등록되어 나타납니다. '글자 속성 유지하지 않음'을 선택한 후 [등록] 버튼을 클릭합니다.

잠깐

상용구 단축키
준말에 해당하는 글자를 입력하고 Alt + I 키를 누르면 상용구가 삽입됩니다.

05 다음 줄의 '2. 쾰른' 뒤에 '(K'를 입력하고 Alt + I 키를 눌러 상용구를 입력합니다.

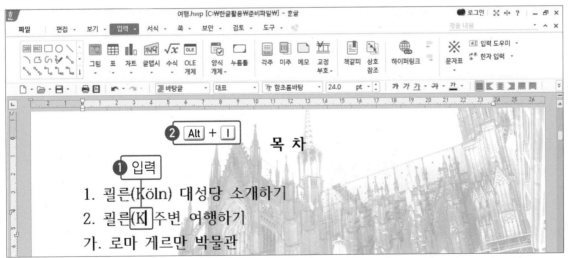

06 등록한 상용구가 입력되면 ')'를 입력합니다.

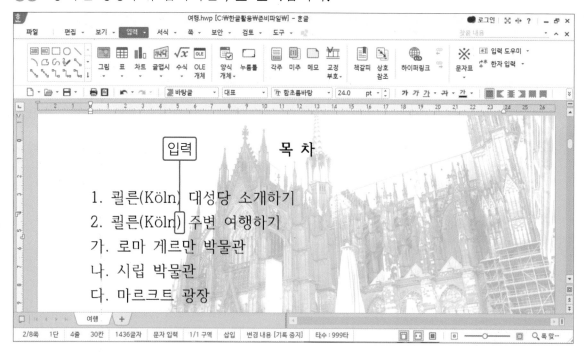

상용구 넣기

[입력] 탭–[입력 도우미(📑)]–[상용구]에서 [상용구 내용]을 클릭하고 상용구를 선택한 후 [넣기] 버튼을 클릭해도 상용구를 삽입할 수 있습니다.

▶ 스타일 사용하기

01 스타일을 변경할 3쪽의 문단에 커서를 위치시키고 스타일을 등록하기 위해 [서식] 탭–[스타일] 목록의 [자세히(↓)]를 클릭한 후 [스타일]을 클릭합니다.

02 [스타일] 대화상자의 [스타일 목록]에서 '개요 1'을 선택한 후 문단 모양을 변경하기 위해 [문단 모양 정보]에서 [설정]을 클릭합니다.

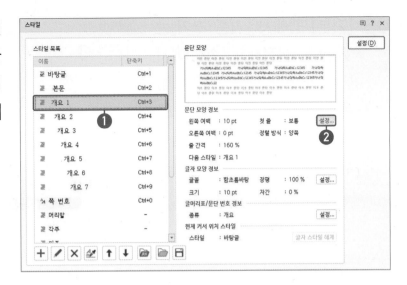

03 [문단 모양] 대화상자가 나타나면 [테두리/배경] 탭에서 [테두리]의 [종류]는 '실선', [색]은 '검은 군청(RGB: 27,23,96)', [모두(▣)]로 설정한 후 [배경]의 [면 색]은 '남색 (RGB: 58,60,132) 80% 밝게', [간격]의 [위쪽]은 '2mm'로 설정하고 [설정] 버튼을 클릭합니다.

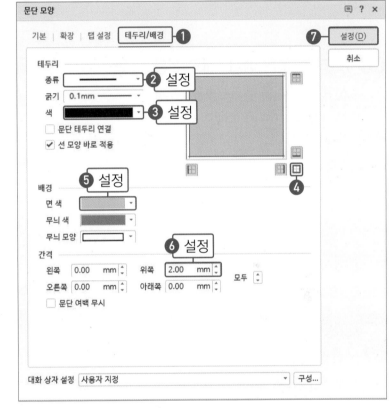

04 계속해서 '개요 1'의 글자 모양을 변경하기 위해 [글자 모양 정보]에서 [설정]을 클릭합니다.

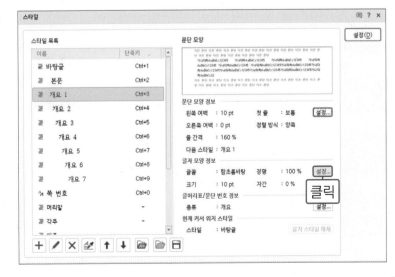

05 [기본] 탭에서 [기준 크기]는 '24pt'로 설정하고 [속성]에서 [진하게(가)], [글자 색]은 '검은 군청(RGB: 27,23,96)'으로 설정한 후 [설정] 버튼을 클릭합니다.

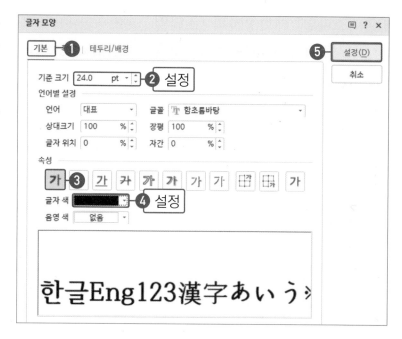

06 [스타일 목록]에서 '개요 2'를 선택한 후 글자 모양을 변경하기 위해 [글자 모양 정보]에서 [설정]을 클릭합니다.

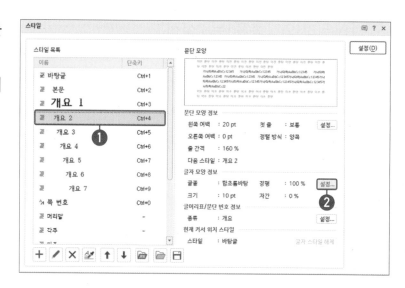

07 [글자 모양] 대화상자가 나타나면 [기본] 탭에서 [기준 크기]는 '15pt'로 설정하고 [설정] 버튼을 클릭합니다. [스타일] 대화상자로 돌아오면 [설정] 버튼을 클릭합니다.

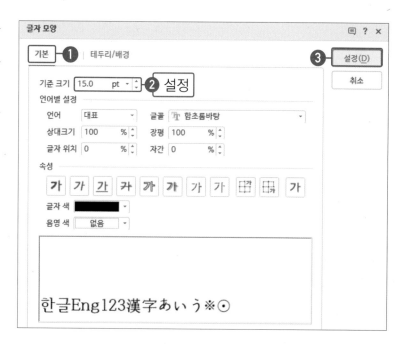

08 '개요 1', '개요 2' 부분의 스타일이 변경되었습니다. 스타일을 사용해 개요에 해당하는 글꼴과 문단 모양을 한 번에 바꾸었습니다.

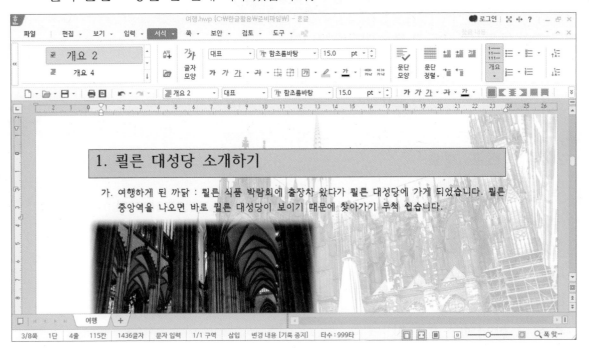

09 서식 도구 상자에서 [저장하기(💾)]의 ▾를 클릭한 후 [다른 이름으로 저장하기]를 클릭하고 파일 이름을 '여행소개'로 저장합니다.

스타일마당

[서식] 탭의 ▾에서 [스타일마당]을 클릭하면 [스타일마당] 대화상자가 나타납니다. [스타일마당] 대화상자에는 용도별로 문서 스타일이 들어 있습니다. [스타일마당 목록]에 있는 스타일을 선택하면 [미리 보기]에서 확인할 수 있고 마음에 드는 스타일을 선택해 [적용] 버튼을 클릭하면 문서의 스타일을 빠르게 수정할 수 있습니다.

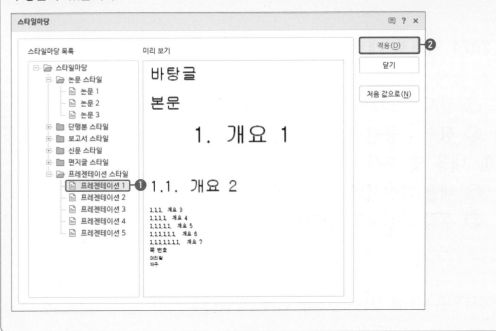

01 다음과 같이 새 문서를 만들고 글을 입력해 봅니다.

- 편집 용지 : 폭 – 130mm, 길이 – 80mm, 쪽 여백 – 좁게
- 글꼴 : 함초롬바탕   • 글자 크기 : 15pt   • 제목글 서식 : 진하게

2024 엑스포 개요
일시 및 장소
일시 : 2024년 9월 4일(수) ~ 8일(일)
장소 : 공원
내용 및 주최
내용 : 전시회, 강연, 체험 활동
주최 : 한국엑스포협회

02 문제 **01**에서 입력한 글의 문단 모양을 다음과 같이 변경해 봅니다.

- 1수준 : 글머리표 ❖
- 2수준
  · 번호 모양 : Ⓐ, Ⓑ, Ⓒ   · 너비 조정 : 20pt   · 정렬 : 오른쪽 정렬
- 3수준
  · 번호 모양 : ㉠, ㉡, ㉢   · 너비 조정 : 30pt   · 정렬 : 오른쪽 정렬

❖ **2024 엑스포 개요**
  Ⓐ 일시 및 장소
    ㉠ 일시 : 2024년 9월 4일(수) ~ 8일(일)
    ㉡ 장소 : 공원
  Ⓑ 내용 및 주최
    ㉠ 내용 : 전시회, 강연, 체험 활동
    ㉡ 주최 : 한국엑스포협회

03 문제 **02**에서 만든 문서를 '문단모양.hwp'로 저장해 봅니다.

04 다음과 같이 문서를 만들어 글을 입력한 후 상용구를 추가해 봅니다.

- 편집 용지 : 폭, 길이 – 80mm, 위쪽, 아래쪽, 왼쪽, 오른쪽 – 10mm, 머리말, 꼬리말 – 0mm
- 글꼴 : 함초롬바탕   • 글자 크기 : 10pt
- 글자 상용구
  수 → 수식, 참 → 참조

수식과 함수
수식 작성의 기본
수식 사용하기
셀 참조
상대 참조
절대 참조
함수

05 문제 **04**에서 입력한 글에 개요 번호를 적용한 후 다음과 같이 스타일을 변경합니다.

- 개요 번호 : I. A. 1. a) (1) (a) i
- 스타일
  · 개요 1 : 20pt, 초록(RGB: 0,128,0), 진하게
  · 개요 2 : 15pt, 진하게   · 개요 3 : 맑은 고딕, 13pt

I. 수식과 함수
A. 수식 작성의 기본
1. 수식 사용하기
2. 셀 참조
    a) 상대 참조
    b) 절대 참조
3. 함수

06 문제 **05**에서 만든 문서를 '스타일.hwp'로 저장해 봅니다.

04 음악 편지 만들기

- 표 삽입하기
- 셀 테두리 설정하기
- 쪽 배경 삽입하기
- 배경음악 연결하기
- 구역 나누기
- 구역마다 편집 용지 설정하기

미/리/보/기

📁 준비파일 : 작은배경.jpg, 배경음악.mp3, 편지봉투.hwp
📁 완성파일 : 음성편지.hwp

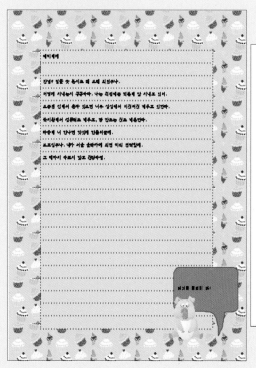

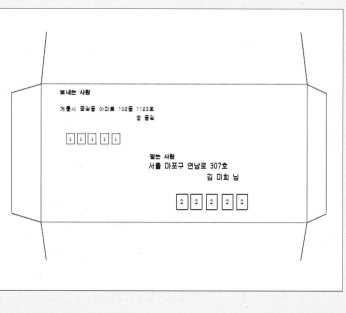

이번 장에서는 편지지와 편지 봉투를 만들어 보겠습니다. 표를 사용해 편지지의 틀을 만들고 쪽 배경으로 편지지의 배경 그림을 삽입해 봅니다. 하이퍼링크를 연결해 친구에게 공유할 음악 파일을 연결하는 방법과 구역을 설정해 편지지와 편지 봉투를 한 문서에 만드는 방법도 함께 알아봅니다.

구역 나누기에 대해 알아보기

▶ 구역

한글에는 구역을 나누는 기능이 있어 각 장마다 새로운 쪽 번호를 매기거나 배경 그림이나 테두리 등을 다르게 설정할 수 있습니다. 구역 나누기 기능은 한 문서 안에 서로 다른 편집 용지, 바탕쪽, 머리말과 꼬리말, 쪽 테두리/배경 등을 적용할 때 사용합니다.

• 구역 나누기 : '시대 고시'를 입력한 후 '고' 앞을 클릭하고 [쪽] 탭-[구역 나누기(⬍)]를 클릭합니다. '고시' 부분이 다음 쪽으로 이동되고 구역이 나뉩니다. 화면 하단의 [쪽 맞춤(▣)]을 클릭하면 두 쪽 전체를 확인할 수 있습니다.

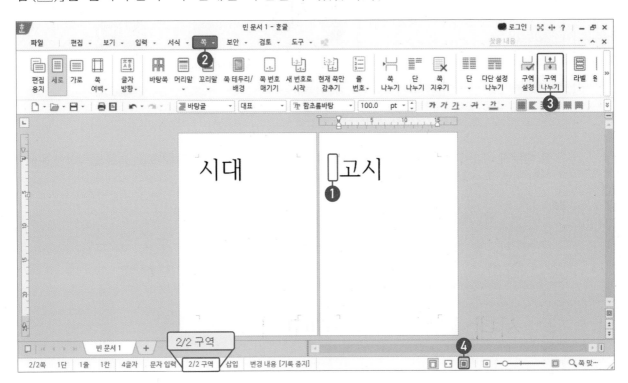

구역 나누기와 쪽 나누기

구역을 나누면 한 문서 안에 편집 용지, 바탕쪽, 쪽 배경 등을 다르게 설정할 수 있지만, 쪽을 나누면 쪽만 나뉘고 설정을 다르게 할 수 없습니다.

• **구역 나누기** : '고시' 앞을 클릭하고 [쪽] 탭–[구역 나누기(📑)]를 클릭한 후 [쪽] 탭–[가로(📰)]를 클릭하면 '고시' 쪽의 편집 용지만 가로로 변경됩니다.

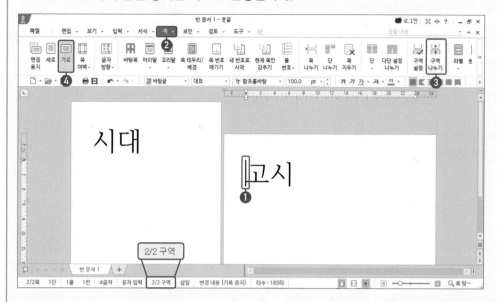

• **쪽 나누기** : '고시' 앞을 클릭하고 [쪽] 탭–[쪽 나누기(📑)]를 클릭한 후 [가로(📰)]를 클릭하면 문서 전체가 가로 편집 용지로 변경됩니다.

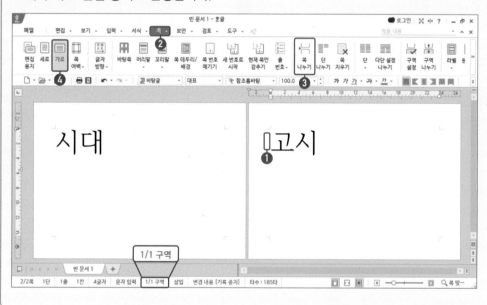

▶ 사용할 도구 알아보기

도구	설명
🌐 (하이퍼링크)	클릭한 위치나 선택한 개체 또는 드래그한 영역이나 그림에 하이퍼링크를 삽입합니다.
📑 (구역 나누기)	클릭한 위치에서 구역을 새로 나눕니다. 구역을 나누면 구역마다 편집 용지 등을 설정할 수 있습니다.
📑 (쪽 나누기)	클릭한 위치에서 쪽을 새로 나눕니다.

▶ 편지지 틀 만들기

01 [편집] 탭-[표(▦)]를 클릭한 후 [표 만들기] 대화상자에서 [줄 개수]는 '22', [칸 개수]는 '1'
로 설정하고 '글자처럼 취급'에 체크한 후 [만들기] 버튼을 클릭합니다.

02 표 안을 클릭하고 F5 키를 세 번 눌러 표 전체를 블록으로 지정합니다. 표 아래의 경계선
에 마우스를 가져가 마우스 포인터의 모양이 ♣일 때 쪽의 제일 아래까지 드래그합니다.

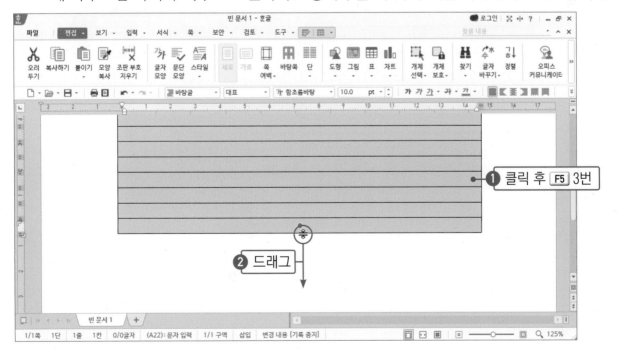

03 [표 디자인(📝)] 탭–[테두리 색(✎)]의 ▾를 클릭한 후 '빨강(RGB: 255,0,0)'으로 설정합니다.

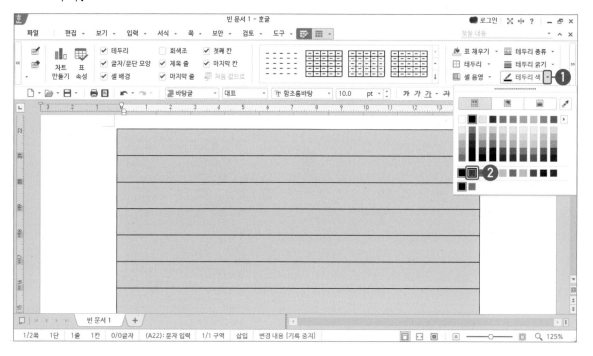

04 [표 디자인(📝)] 탭–[테두리 종류(▤)]의 ▾를 클릭한 후 '원형 점선'으로 설정합니다.

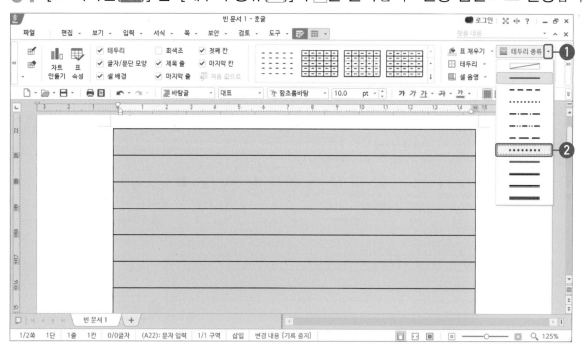

05 테두리 선과 종류가 모든 테두리에 적용되도록 [표 디자인(📝)] 탭–[테두리(▦)]의 ▾를 클릭한 후 '모두(▦)'로 설정합니다.

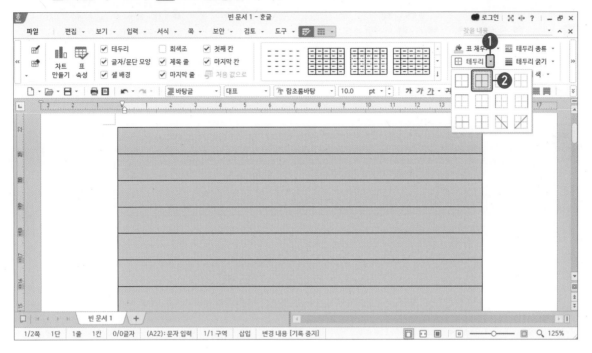

06 [표 디자인(📝)] 탭–[표 채우기(🎨)]의 ▾를 클릭한 후 '주황(RGB: 255,132,58) 80% 밝게' 로 설정합니다.

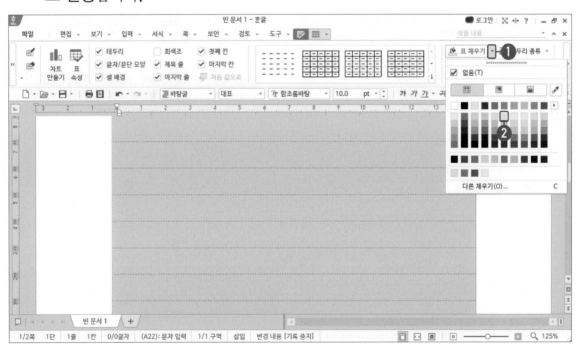

07 `Esc` 키를 눌러 블록을 해제하면 표의 배경 색, 테두리 선 색, 원형 점선 테두리 선이 적용된 것을 확인할 수 있습니다.

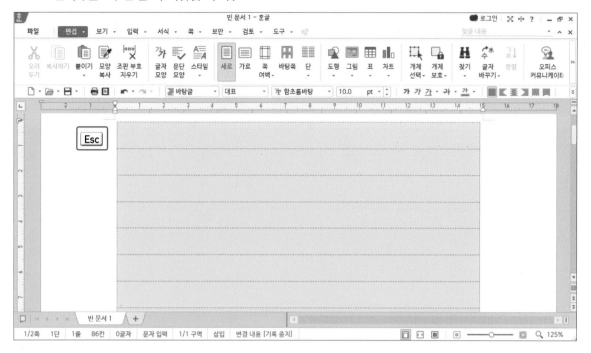

▶ 편지지 배경 꾸미기

01 쪽 배경에 그림을 삽입하기 위해 [쪽] 탭-[쪽 테두리/배경(▣)]을 클릭합니다.

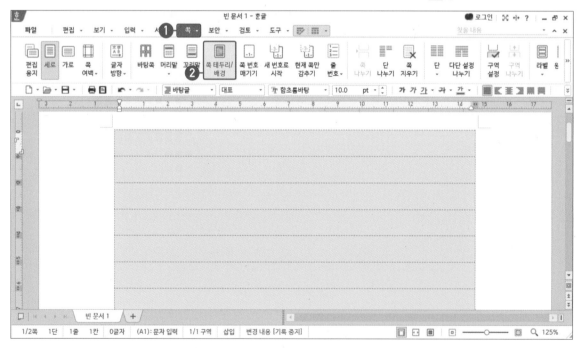

02 [쪽 테두리/배경] 대화상자의 [배경] 탭에서 '그림'에 체크한 후 [그림 선택(📧)]을 클릭합니다. [그림 넣기] 대화상자가 나타나면 '작은배경.jpg'를 선택하고 '문서에 포함'에 체크한 후 [열기] 버튼을 클릭합니다.

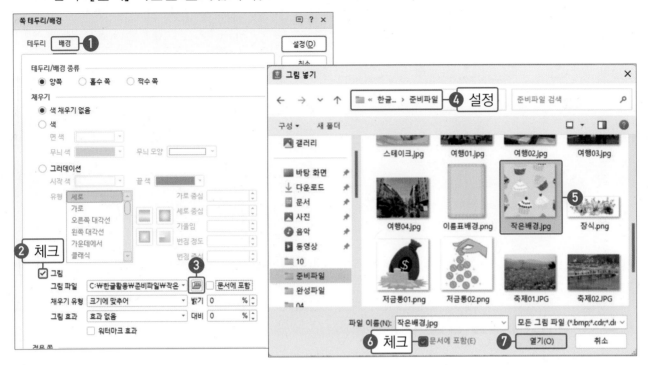

03 [채우기 유형]을 '바둑판식으로–모두'로 설정한 후 [설정] 버튼을 클릭합니다.

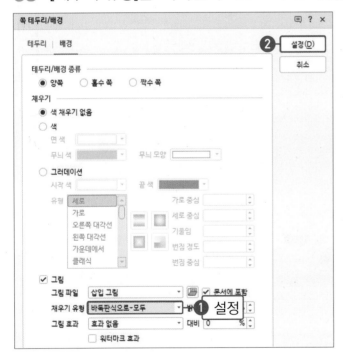

채우기 유형
[채우기 유형]에는 바둑판식, 가운데, 크기에 맞추기 등 여러 옵션이 있으며, 선택하는 방식에 따라 배경 이미지가 삽입되는 방식이 다릅니다.

04 '작은배경.jpg'가 바둑판처럼 배열되어 배경으로 나타납니다.

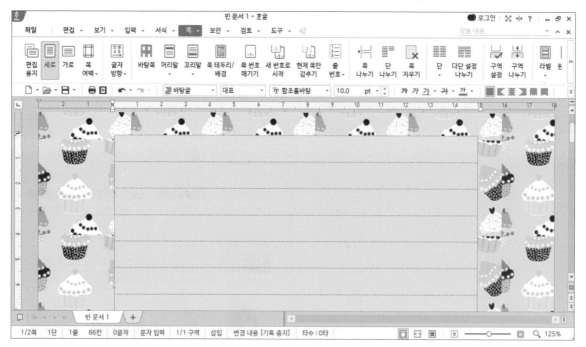

▶ 그리기마당의 그림 삽입하기

01 [입력] 탭-[그림(그림)]-[그리기마당(🖼)]을 클릭합니다.

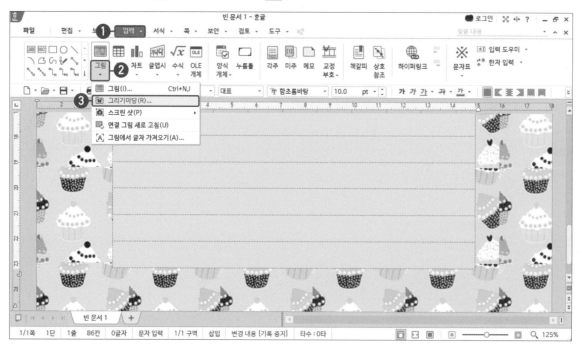

02 [그리기마당] 대화상자의 [그리기 조각] 탭–[설명상자(장식)]에서 '말풍선09'를 선택한 후 [넣기] 버튼을 클릭합니다.

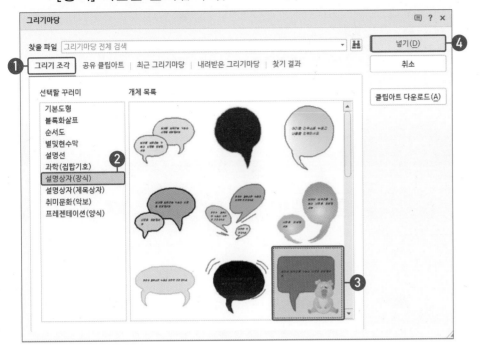

03 다음과 같이 표 오른쪽 아래에 드래그하여 '말풍선09'를 삽입한 후 [도형(▦)] 탭–[회전 (▣)]–[좌우 대칭]을 클릭합니다. '말풍선09'의 좌우가 대칭됩니다.

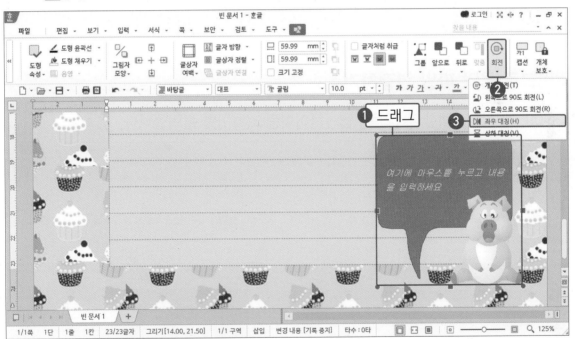

04 '여기에 마우스를 누르고 내용을 입력하세요' 부분을 클릭한 후 '여기를 클릭해 봐!'를 입력
합니다.

 배치
삽입한 개체가 표 위에서 보이지 않는다면 개체를 선택한 후 [도형( )] 탭-[글 앞으로( )]를 클릭해
표 위로 옮깁니다.

▶ 하이퍼링크로 음악 파일 연결하기

01 '말풍선09' 개체를 선택한 후 [입력] 탭-[하이퍼링크( )]를 클릭합니다.

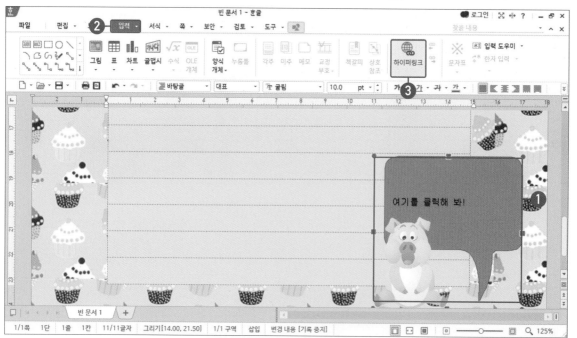

02 [하이퍼링크] 대화상자가 나타나면 [파일] 탭에서 '기존 파일'을 선택하고 [파일 선택(📠)]
을 클릭합니다.

03 [찾아보기] 대화상자에서 '배경음악.mp3'를 선택하고 [열기] 버튼을 클릭합니다. [하이퍼
링크] 대화상자로 돌아오면 [넣기] 버튼을 클릭합니다.

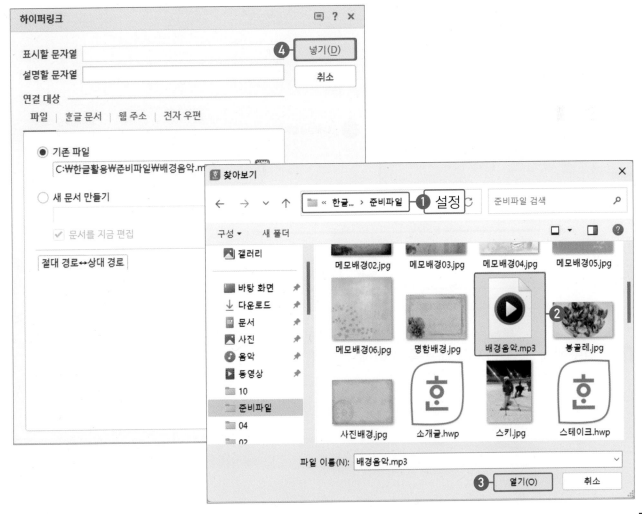

04 '말풍선09' 개체에 마우스를 가져가면 Ctrl 키를 누른 채 클릭하라는 안내 창이 나타납니다. Ctrl 키를 누른 채 '말풍선09' 개체를 클릭합니다. 보안 경고창에 [한 번 허용] 버튼을 클릭하면 음악 재생 프로그램이 실행되면서 음악이 재생됩니다.

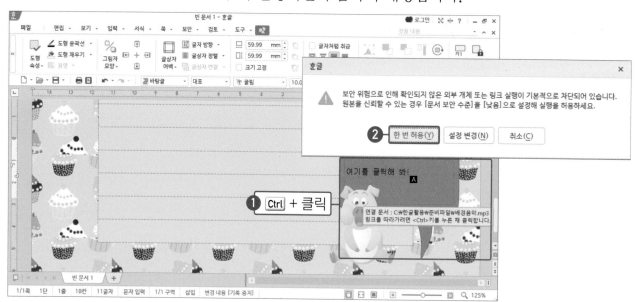

음악 재생 프로그램

음악 재생 프로그램은 사용자 PC에 설치된 프로그램에 따라 다르게 실행될 수 있습니다. 만약 하이퍼링크로 연결된 음악 파일이 지정된 경로에 없다면 노래를 재생할 수 없습니다.

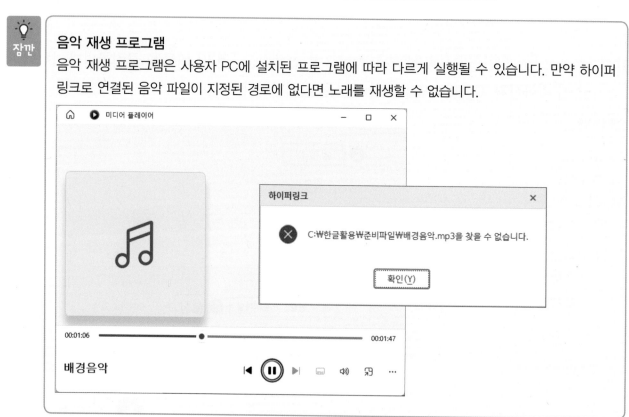

05 친구에게 보낼 편지의 내용을 입력해 봅니다.

내 목소리 녹음하기

1 [입력] 탭의 ▼를 클릭한 후 [멀티미디어]–[소리]를 클릭합니다.

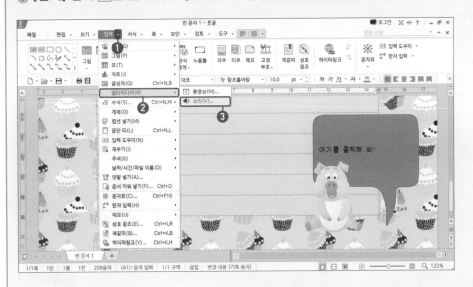

2 [소리 넣기] 대화상자가 나타나면 [녹음(■)]을 클릭해 편지에 보낼 음성을 녹음합니다. 녹음을 끝내려면 [정지(■)]를 클릭합니다.

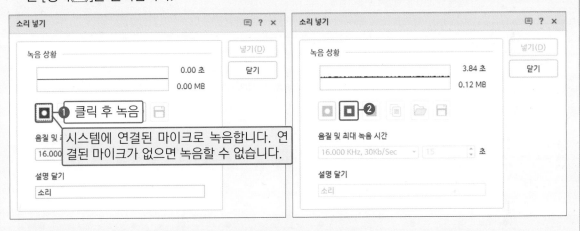

3 [재생(■)]을 클릭해 녹음한 것을 들어본 후 [저장하기(圓)]를 클릭하여 저장하고 [닫기] 버튼을 클릭합니다.

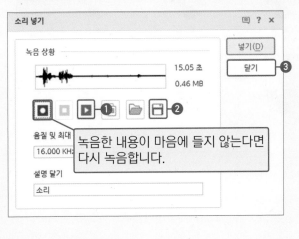

▶ 구역 나누고 편지 봉투 만들기

01 편집 용지의 오른쪽 바깥 부분을 클릭해 표 바깥에 커서를 두고 [쪽] 탭–[구역 나누기(⊞)]를 클릭합니다.

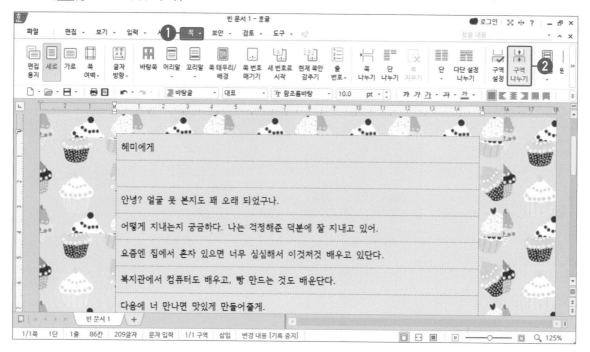

02 구역이 나뉘고 하단에 '2/2 구역'이라고 표시됩니다.

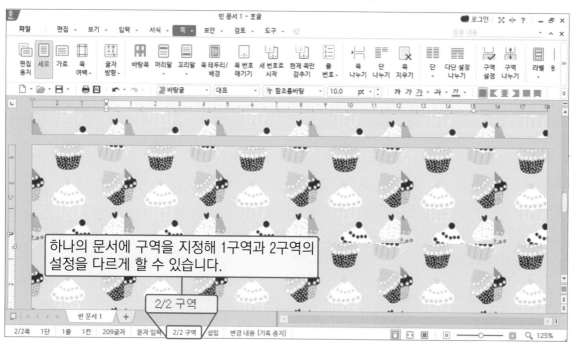

하나의 문서에 구역을 지정해 1구역과 2구역의 설정을 다르게 할 수 있습니다.

2/2 구역

03 [쪽] 탭–[가로(▤)]를 클릭해 편집 용지를 변경하고 [쪽 테두리/배경(▥)]을 클릭합니다.

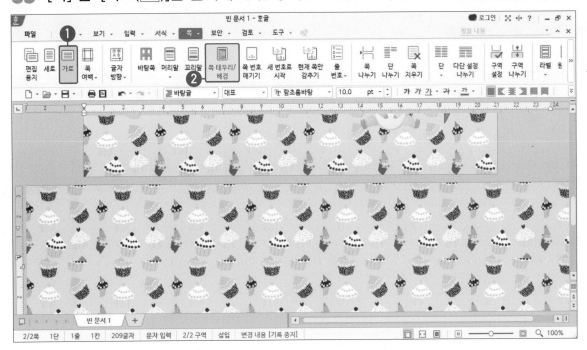

04 [쪽 테두리/배경] 대화상자가 나타나면 [배경] 탭에서 [채우기]의 '그림'을 체크 해제하고 [설정] 버튼을 클릭합니다.

05 문서를 불러오기 위해 서식 도구 상자에서 [불러오기(📂)]를 클릭합니다.

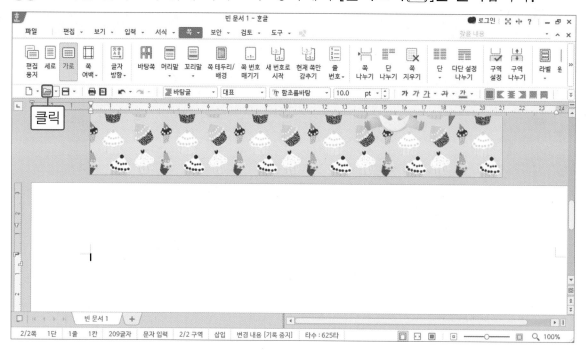

06 [불러오기] 대화상자에서 파일의 경로를 설정한 후 '편지봉투.hwp'를 선택하고 [열기] 버튼을 클릭합니다.

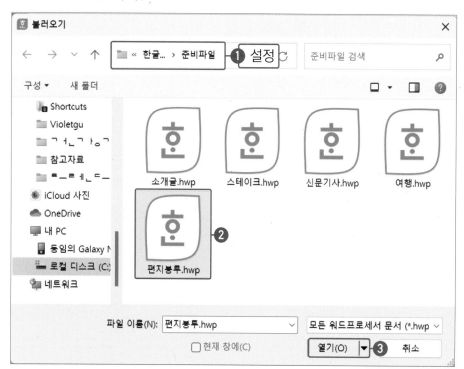

07 편지 봉투가 포함된 빈 문서가 열립니다. 편지 봉투를 클릭한 후 [편집] 탭에서 [복사하기 (📋)]를 클릭합니다.

08 다시 구역을 나눈 문서로 이동하여 2구역에서 Ctrl + V 키를 눌러 편지 봉투를 붙여 넣습니다. 편지 봉투에 맞게 편집 용지를 변경하기 위해 [쪽] 탭–[편집 용지(📄)]를 선택합니다.

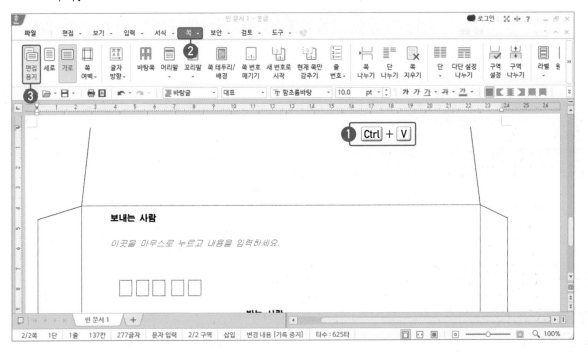

09 [편집 용지] 대화상자가 나타나면 [기본] 탭에서 [용지 여백]의 [위쪽], [왼쪽], [오른쪽], [아래쪽]은 '5mm'로, [머리말]과 [꼬리말]은 '12.7mm'로 설정한 후 [설정] 버튼을 클릭합니다.

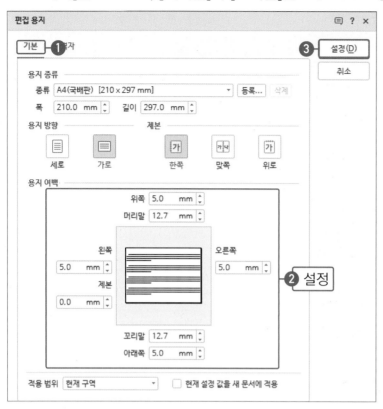

10 편지 봉투에 보내는 사람, 받는 사람, 우편 번호를 입력하고, 서식 도구 상자에서 [가운데 정렬(≣)]을 클릭합니다. 화면 아래쪽의 [쪽 맞춤(▣)]을 클릭해 구역에 따라 편집 용지가 다르게 설정된 두 쪽 전체를 확인합니다. 문서를 인쇄하여 선대로 자르고 풀로 붙이면 편지 봉투로 사용할 수 있습니다.

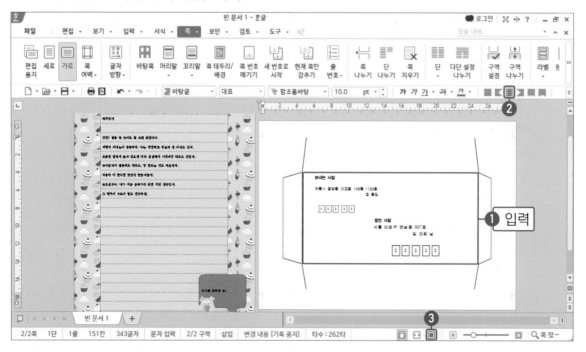

11 서식 도구 상자에서 [저장하기(▤)]를 클릭하여 파일 이름을 '음악편지'로 저장합니다.

01 다음과 같이 문서를 설정하고 '카드.png'를 쪽 배경에 삽입합니다. 한컴 애셋에서 내려받기 한 '원형 트리'를 그리기마당에서 찾아 넣은 후 '캐롤.mp3'를 하이퍼링크로 연결해 봅니다.

준비파일 카드.png, 캐롤.mp3

- 편집 용지
  - 용지 종류 : 폭 – 100mm, 길이 – 150mm
  - 용지 방향 : 가로
  - 용지 여백 : 위쪽, 왼쪽, 오른쪽, 아래쪽, 머리말, 꼬리말 – 5mm
- 가로 글상자 : 가족과 함께 즐거운 크리스마스 보내세요.
  - 선 종류 : 선 없음
  - 글꼴 : 한컴 쿨재즈 B
  - 글자 크기 : 20pt
- 가로 글상자 : 클릭하세요.
  - 선 종류 : 선 없음
  - 글꼴 : 한컴 쿨재즈 B
  - 글자 크기 : 10pt
  - 글자 색 : 초록(RGB: 0,128,0)

02 문제 01에서 만든 문서를 '음악카드.hwp'로 저장해 봅니다.

03 다음과 같이 편지지를 만들어 봅니다.

- 쪽 배경 그러데이션 : 사막의 빛
- 표 : 실선의 24줄
- 글꼴 : 한컴 소망 B
- 글자 크기 : 12pt
- 그리기마당 : 한컴 애셋에서 내려받기 한 '단풍잎'

04 문제 **03**에서 만든 편지지의 구역을 나눈 후 편집 용지를 가로로 변경하여 다음과 같이 편지지를 만들어 봅니다.

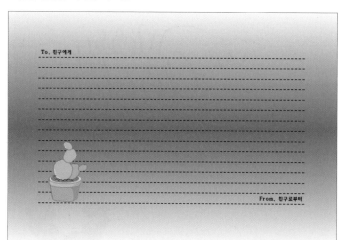

- 쪽 배경 그러데이션 : 물안개
- 표 : 파선의 16줄
- 글꼴 : 한컴 소망 B
- 글자 크기 : 12pt
- 그리기마당
  : 한컴 애셋에서 내려받기 한
  '선인장2'

05 문제 **04**에서 만든 문서를 '편지지.hwp'로 저장해 봅니다.

05 가계부 만들기

- ▪ 표 그리기
- ▪ 셀 테두리 설정하기
- ▪ 셀 합치기
- ▪ 1,000 단위 구분 쉼표
- ▪ 셀 너비를 같게/셀 높이를 같게
- ▪ 계산식

미/리/보/기

가계부				
날짜		내역	수입	지출
월	일			
6	1	급여	3,000,000	
6	5	미술학원비		200,000
6	6	영어학원비		250,000
6	11	교통비		100,000
6	17	부업	450,000	
6	18	자동차 할부금		356,000
6	23	공과금		127,000
6	29	세금 환급금	215,000	
합계			3,665,000	1,033,000
잔액				2,632,000

이번 장에서는 표를 만들어 표의 셀을 편집하는 방법과 계산식을 활용해 합계, 평균 등을

구하는 방법을 알아보겠습니다. 그리고 가계부를 만들어 지출 금액과 잔액 등을 계산해

보겠습니다.

01

계산식에 대해 알아보기

▶ 쉬운 계산식

현재 셀을 기준으로 가로와 세로의 합계, 평균, 곱을 계산합니다. 계산 결과를 입력할 셀을 클릭하고 [표 레이아웃(▦▾)] 탭-[계산식(▦)]을 클릭하면 계산식을 실행할 수 있습니다. 총점을 구하기 위해 [계산식(▦)]-[가로 합계]를 클릭합니다.

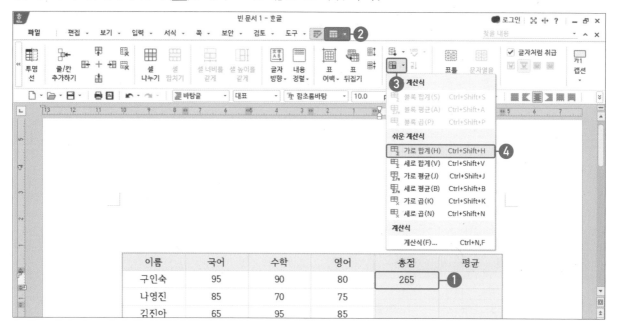

▶ 블록 계산식

블록으로 지정한 셀의 합계, 평균, 곱을 계산합니다. 계산할 셀을 드래그하여 블록으로 지정하고 [표 레이아웃(▦▾)] 탭-[계산식(▦)]을 클릭하면 블록 계산식을 실행할 수 있습니다. 국어 과목의 평균을 구하기 위해 국어 점수에 해당하는 셀을 드래그하여 블록으로 지정한 후 [계산식(▦)]-[블록 평균]을 클릭합니다.

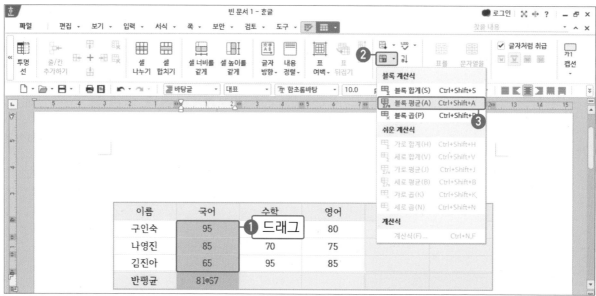

문장 내에서 블록 계산하기

① 문장에서 블록 계산이 필요한 곳을 드래그하여 블록으로 지정한 후 [도구] 탭의 ▾에서 [블록 계산]–
[블록 평균]을 클릭합니다.

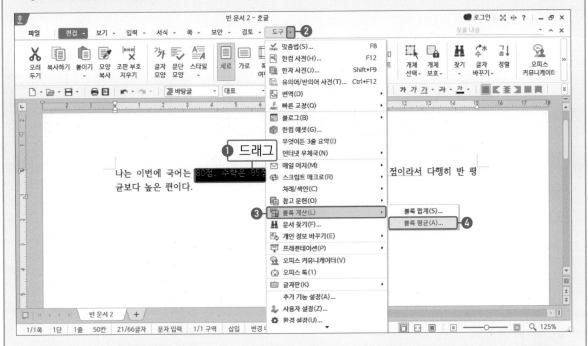

② [블록 계산 결과] 대화상자에는 드래그한 문장 안에 있는 숫자의 평균이 구해져 있습니다. [복사] 버
튼을 클릭합니다.

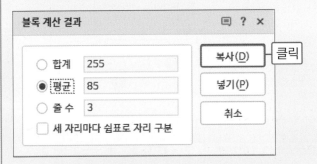

③ 평균값을 입력할 곳을 클릭한 후 Ctrl + V 키를 누르면 평균값이 입력됩니다.

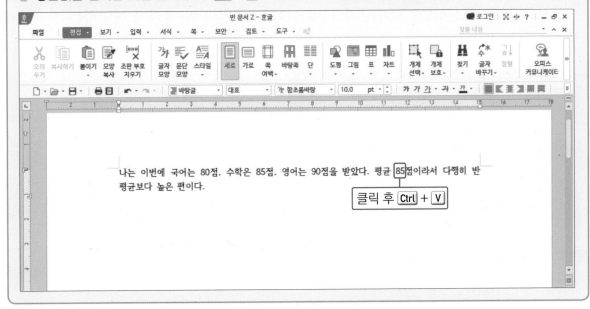

▶ 수식 계산식

수식 계산식은 셀 번호와 함수를 사용해 합계와 평균을 구하는 방법입니다. 셀에는 다음과 같이 셀 번호가 있고 셀을 클릭하면 '상황 선'에서 셀 번호를 확인할 수 있습니다.

A1	B1	C1	D1	E1	F1
A2	B2	C2	D2	E2	F2
A3	B3	C3	D3	E3	F3
A4	B4	C4	D4	E4	F4
A5	B5	C5	D5	E5	F5

1 계산 결과를 입력할 (F2) 셀을 클릭하고 [표 레이아웃(▦▾)] 탭-[계산식(▦)]-[계산식]을 클릭합니다.

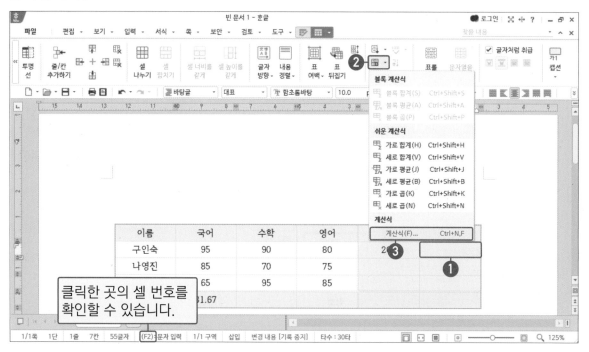

2 [계산식] 대화상자가 나타나면 평균을 구해야 하므로 [함수]를 'AVG(...) AVERAGE(...)'로 설정합니다. [계산식]에 'AVG()'가 나타납니다. '구인숙'의 성적에 해당하는 셀은 (B2)부터 (D2) 셀까지이므로 'AVG(B2:D2)'를 입력한 후 [형식]을 '소수점 이하 두 자리'로 설정하고 [설정] 버튼을 클릭합니다.

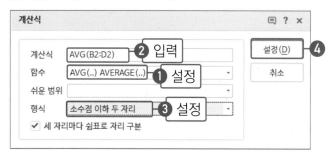

3 소수점 이하 두 자리까지의 평균값이 구해집니다.

계산식에서 자주 사용하는 함수

[함수]에서 사용할 함수를 선택하면 [계산식]에 자동으로 함수가 입력되고, 구하려는 셀의 범위를 입력하면 자동으로 계산됩니다.

- SUM : 지정한 범위의 셀들에 대한 합계를 계산합니다.
- AVERAGE(또는 AVG) : 지정한 범위의 셀들에 대한 평균을 계산합니다.
- PRODUCT : 지정한 범위의 셀들에 대한 곱을 계산합니다.
- MIN : 지정한 범위의 셀들에 대한 최솟값을 계산합니다.
- MAX : 지정한 범위의 셀들에 대한 최댓값을 계산합니다.
- COUNT : 지정한 범위의 공백을 제외한 셀의 수를 헤아립니다.

▶ 사용할 도구 알아보기

도구	설명
▦ (계산식)	함수와 계산식을 사용해 합계, 평균, 곱 등의 값을 계산합니다.
▤ (채우기)	클릭한 곳에 기본 데이터나 사용자 정의 목록에서 선택한 데이터를 입력합니다.
▽ (1,000 단위 구분 쉼표)	블록으로 지정된 셀의 1,000 단위마다 자릿점(,)을 넣거나 뺄 수 있습니다.

02 간편하게 계산하는 가계부 만들기

▶ 표 만들기

01 [편집] 탭-[표(▦)]를 클릭합니다.

02 [표 만들기] 대화상자에서 [줄 개수]는 '13', [칸 개수]는 '5'로 설정하고 '글자처럼 취급'에 체크한 후 [만들기] 버튼을 클릭합니다.

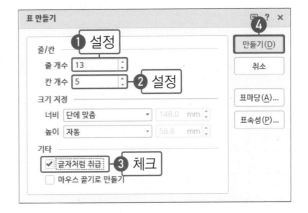

03 표 전체를 드래그하여 블록으로 지정한 후 마우스 포인터를 표 아래 셀의 경계선으로 이동합니다. 마우스 포인터 모양이 ⇩ 일 때 아래로 드래그하여 표의 크기를 조절합니다.

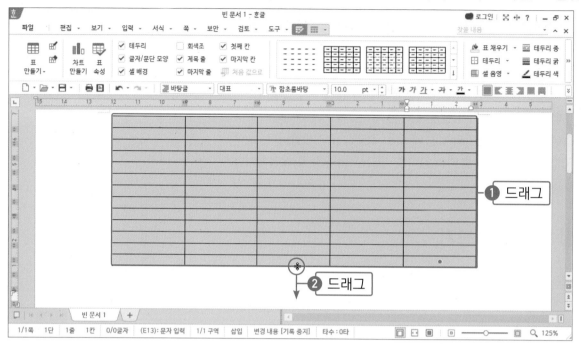

04 서식 도구 상자에서 [가운데 정렬(≣)]을 클릭합니다.

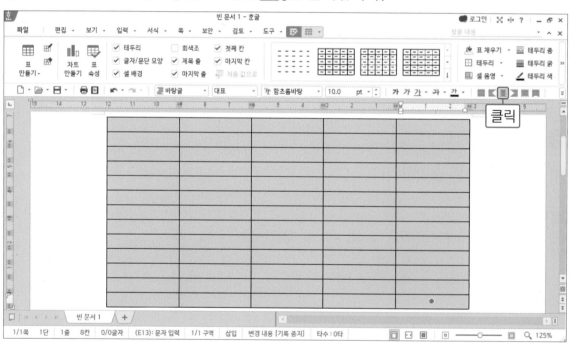

05 (A1) 셀에서 (E1) 셀까지 드래그하여 블록으로 지정한 후 [표 레이아웃()] 탭–[셀 합치기(▦)]를 클릭합니다. 첫 줄이 (A1) 셀로 합쳐집니다.

06 같은 방법으로 셀을 합쳐서 표 모양을 다음과 같이 만든 후 표 안에 글을 입력합니다.

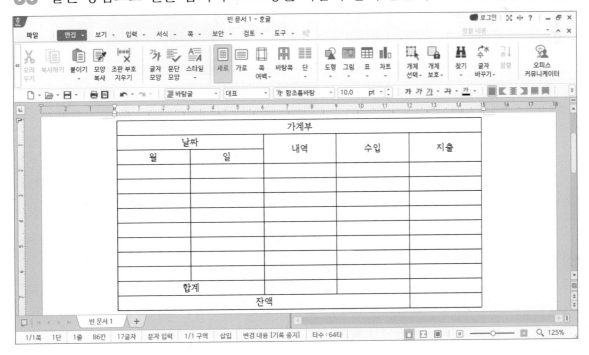

07 (A1) 셀을 클릭한 후 `F5` 키를 눌러 블록으로 지정하고 서식 도구 상자에서 [글꼴]은 '한 컴 윤체 M'으로, [글자 크기]는 '15pt'로 설정합니다.

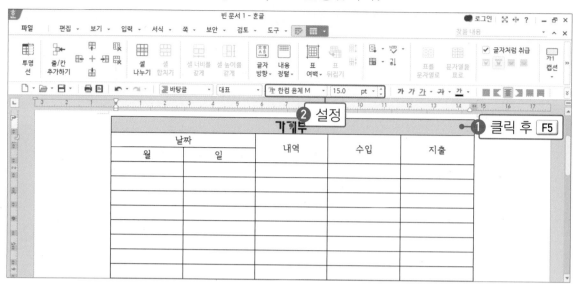

08 [표 디자인(▨)] 탭-[표 채우기(▨)]의 ▾를 클릭한 후 [스펙트럼(▨)] 탭을 클릭합니다. [RGB]에서 '빨강(R): 245', '초록(G): 239', '파랑(B): 248'로 설정한 후 [적용] 버튼을 클릭 합니다.

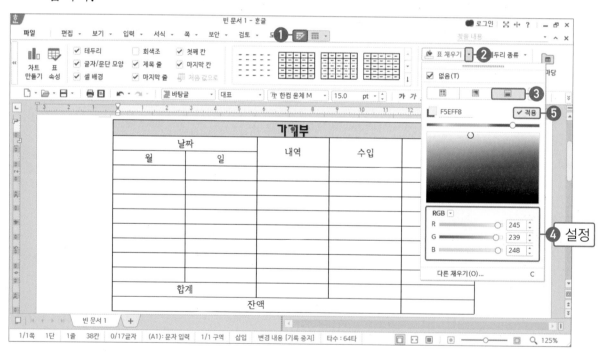

색상 팔레트

• **테마 색(▨)** : 특정 주제에 어울리는 여러 색을 조합하여 하나의 그룹으로 제공하는 색을 테마 색이 라고 합니다. [테마 색] 탭에서 [테마 색상표]를 누르면 미리 정의된 여러 테마 색의 목록이 나타납니다.

• **팔레트(▨)** : 기본 색으로 이루어진 팔레트에서 원하는 색을 선택합니다.

• **스펙트럼(▨)** : 그러데이션 형태의 색상 스펙트럼에서 원하는 색을 선택하거나 직접 색상 코드를 입력하여 사용할 색을 지정합니다.

09 같은 방법으로 셀 배경 색을 'RGB: 245,239,248'과 'RGB: 157,92,187'로 변경합니다.

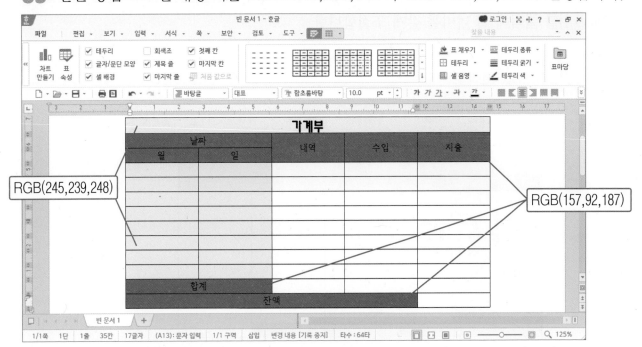

RGB(245,239,248)

RGB(157,92,187)

연속되는 셀 표기 방법

연속되는 범위의 셀을 표기할 때 ':'를 사용합니다. 다만 중간에 셀이 비어 있다면 사용할 수 없습니다.

예 (A1), (A2), (A3), (B1), (B2), (B3) 셀을 표기 – (A1:B3) 셀

예 (A1), (A2), (B1), (B2), (B3) 셀을 표시 – (A1:B2) 셀과 (B3) 셀

10 마우스 포인터를 (B) 열과 (C) 열 사이의 경계선으로 이동합니다. 마우스 포인터 모양이
⇜일 때 왼쪽으로 드래그하여 셀 너비를 다음과 같이 조절합니다.

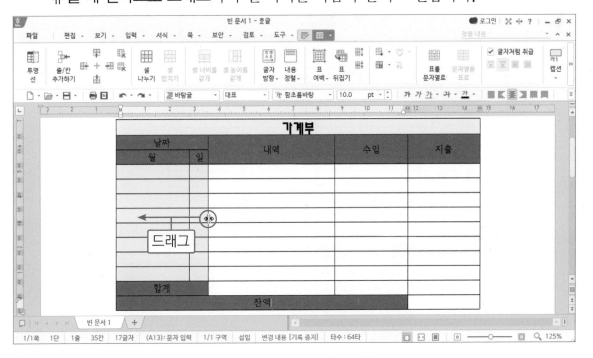

드래그

11 (A3:B11) 셀을 드래그하여 블록으로 지정한 후 [표 레이아웃(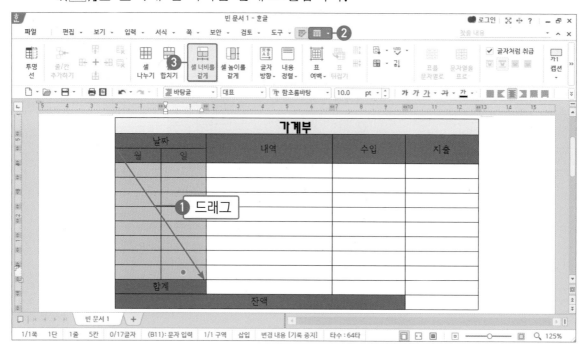)] 탭에서 [셀 너비를 같게(█)]를 클릭해 셀 너비를 같게 조절합니다.

▶ 수입과 지출 데이터 입력하기

01 (A4) 셀에 '6'을 입력하고 (A11) 셀까지 드래그하여 블록으로 지정한 후 [표 레이아웃(██)] 탭-[채우기(█)]의 █를 클릭한 후 [표 자동 채우기]를 선택하면 자동으로 나머지 셀에 '6' 이 입력됩니다.

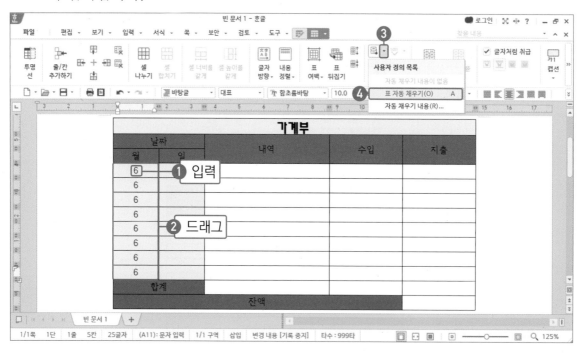

02 다음과 같이 가계부에 실제 수입이 들어온 날과 지출이 나간 날의 내역과 금액을 입력합니다.

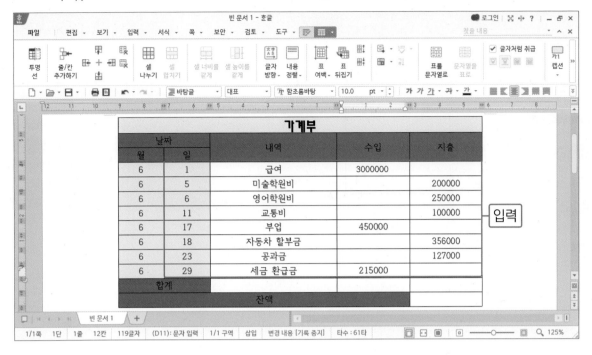

03 (C12) 셀에서 마우스 오른쪽 버튼을 클릭한 후 [셀 테두리/배경]–[각 셀마다 적용]을 클릭합니다.

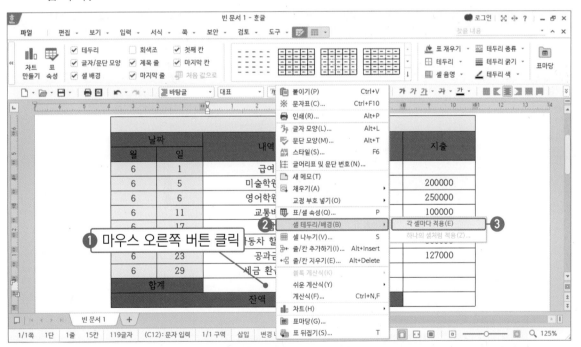

04 [셀 테두리/배경] 대화상자가 나타나면 [대각선] 탭을 클릭한 후 [\ 대각선]에서 '(1)(◻)'와 [/ 대각선]에서 '(A)(◻)'를 각각 클릭하고 [설정] 버튼을 클릭합니다.

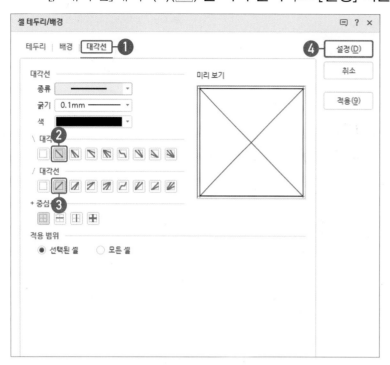

▶ 계산식으로 계산하기

01 (D12) 셀을 클릭하고 [표 레이아웃(▦ ▾)] 탭-[계산식(▦)]-[세로 합계]를 클릭합니다. '수입' 열에 있는 숫자들이 자동으로 계산되어 (D12) 셀에 나타납니다.

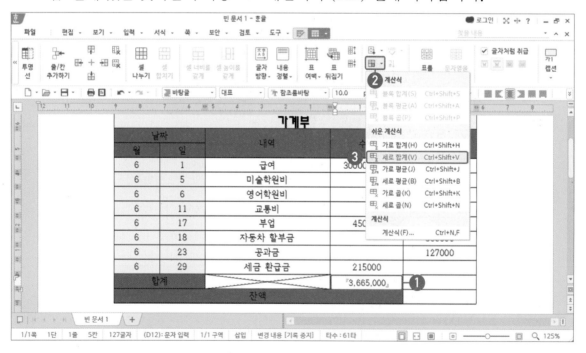

02 (E4:E12) 셀을 드래그하여 블록으로 지정한 후 [표 레이아웃(▦ ▾)] 탭–[계산식(▦)]–[블록 합계]를 클릭합니다. 드래그한 곳의 숫자가 자동으로 계산되어 (E12) 셀에 나타납니다.

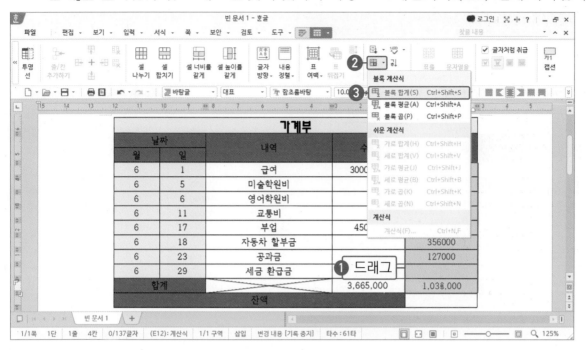

 결괏값이 입력되는 셀까지 드래그하기
결괏값이 입력되는 (E12) 셀의 바로 위에 있는 셀도 공란이기 때문에 결괏값이 입력되는 셀까지 드래그하여 블록으로 지정합니다.

03 한 달 동안의 남은 잔액을 구하기 위해 (E13) 셀을 클릭하고 [표 레이아웃(▦ ▾)] 탭–[계산식(▦)]–[계산식]을 클릭합니다.

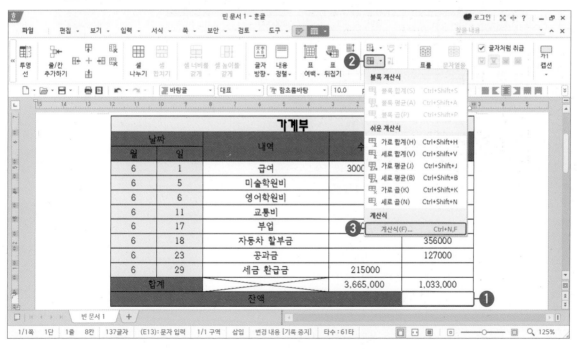

04 [계산식] 대화상자가 나타나면 '잔액=총수입–총지출'이므로 [계산식]에 '=D12–E12'를 입력하고 [설정] 버튼을 클릭합니다.

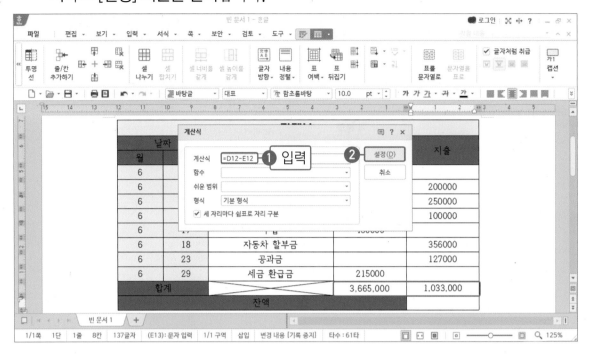

05 (E13) 셀에 잔액이 계산되어 나타납니다.

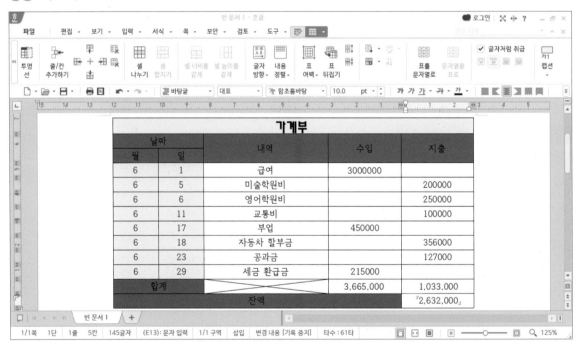

06 (D4:E11) 셀까지 드래그하여 블록으로 지정한 후 [표 레이아웃(⊞⏷)] 탭–[1,000 단위 구분 쉼표(⟨,⟩)]–[자릿점 넣기]를 클릭합니다. 1,000 단위를 구분하는 쉼표가 입력됩니다.

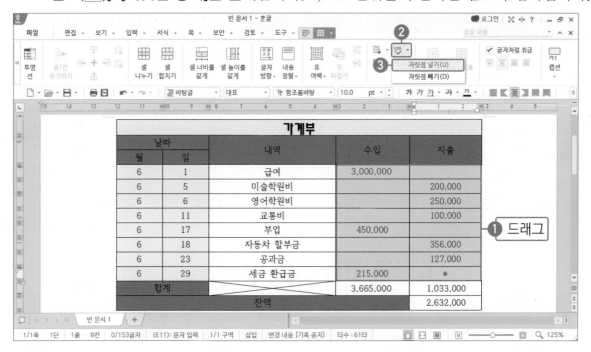

07 서식 도구 상자에서 [저장하기(⊟)]를 클릭해 파일 이름을 '가계부'로 저장합니다.

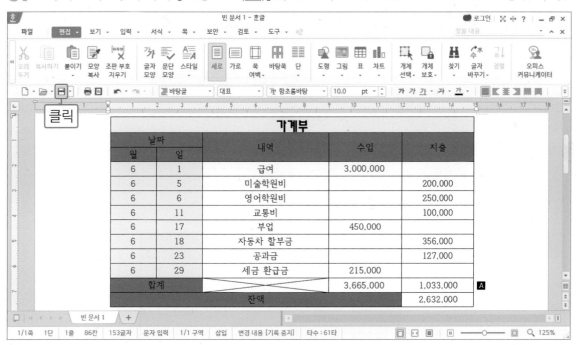

01 다음과 같이 표를 만들어 봅니다.

> • 표
>> · 셀 테두리 선 굵기 : 바깥쪽 − 0.7mm, 안쪽 − 0.12mm
>>
>> · 합계 구분선 종류 : 이중 실선
>>
>> · 셀 배경색 : (A1:B1) − 주황(RGB: 255,102,0)
>> (A6:B7) − 주황(RGB: 255,102,0) 60% 밝게
>
> • 글꼴
>> · 제목 : HY헤드라인M, 20pt   · (A1:B7) : 맑은 고딕, 10pt   · (A1:B1), (A6:B7) : 진하게

쇼핑몰 판매현황

상품	판매량
슬립온	120
스니커즈	98
런닝화	110
등산화	76
합계	
평균	

02 문제 **01**의 표에서 합계는 쉬운 계산식을 사용하고, 평균은 계산식을 사용하여 구해 봅니다.

쇼핑몰 판매현황

상품	판매량
슬립온	120
스니커즈	98
런닝화	110
등산화	76
합계	404
평균	101

03 문제 **02**에서 만든 문서를 '판매현황.hwp'로 저장해 봅니다.

04 다음과 같이 표를 만들어 봅니다.

- 표
  - 셀 배경색 : (A1) – 초록(RGB: 40,155,110)
    - (A2:D2), (A7:C7) – 초록(RGB: 40,155,110) 80% 밝게
- 글꼴
  - (A1) : 20pt, 하양(RGB: 255,255,255), 진하게 　 · (A2:D2), (A7:C7) : 진하게

매출 현황			
품목	개수	단가	가격
A	67	5,600	
B	5	12,000	
C	9	9,700	
D	23	15,000	
합계			

05 문제 **04**의 표에서 개수의 합계는 블록 계산식으로, 가격은 계산식에서 'PRODUCT' 함수로, 합계는 'SUM' 함수를 사용해서 계산해 봅니다.

매출 현황			
품목	개수	단가	가격
A	67	5,600	375,200
B	5	12,000	60,000
C	9	9,700	87,300
D	23	15,000	345,000
합계	104	867,500	

06 문제 **05**에서 만든 문서를 '매출현황.hwp'로 저장해 봅니다.

06 혈압 차트 만들기

- 음영 색 설정하기
- 표마당 적용하기
- 차트 만들기
- 차트 데이터 편집하기
- 차트 스타일 적용하기
- 차트 제목 삽입하기
- 계열, 축, 범례 설정하기

미/리/보/기

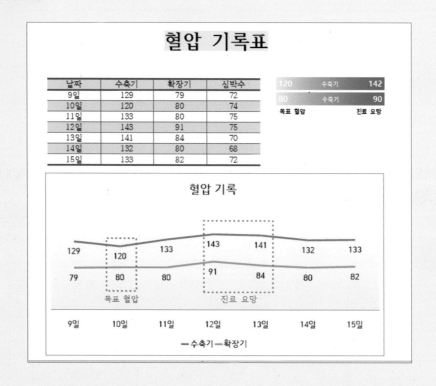

이번 장에서는 차트에 대해 알아본 후 표를 이용해 차트를 만들고 편집해 보겠습니다. 보고서와 같은 자료를 만들 때 차트를 이용하면 한눈에 수치를 비교할 수 있는 장점이 있습니다. 차트 테마는 여러 종류가 있으므로 차트를 편집하는 방법을 알아두면 한글 문서를 만들 때 다양하게 활용할 수 있습니다.

01 차트에 대해 알아보기

▶ 차트

차트는 각종 자료를 원, 막대, 꺾은선 그래프 등으로 알기 쉽게 정리한 것입니다. 한글에서는 표의 일부분이나 표 전체를 블록으로 지정해 차트로 변환할 수 있습니다.

• **차트 만들기** : 표 전체를 드래그하여 블록으로 지정한 후 [표 디자인(▨)] 탭-[차트 만들기(▥)]를 클릭하면 바로 차트가 만들어 집니다.

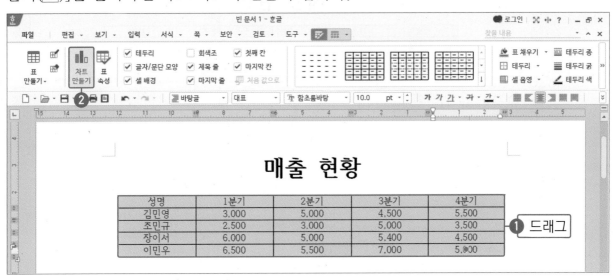

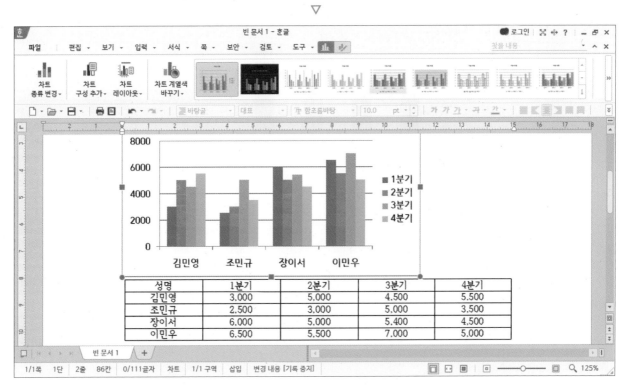

표의 일부분만 차트로 만들기

다음과 같이 표의 일부분을 드래그하여 블록으로 지정한 후 [표 디자인( )] 탭-[차트 만들기( )]를 클릭하면 드래그한 부분만 차트로 만들 수 있습니다.

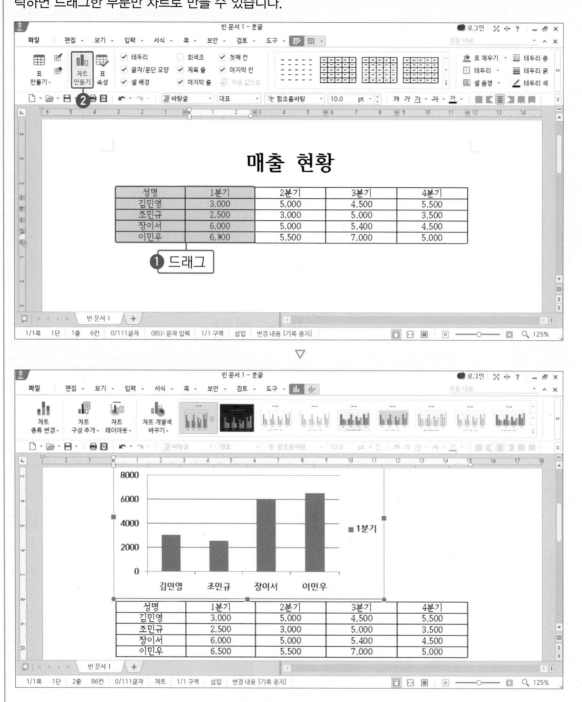

▶ 차트의 기본 구성

차트의 기본 구성을 알아봅니다.

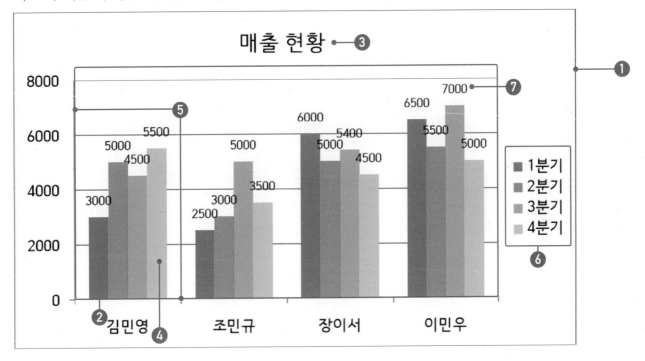

❶ **차트 영역** : 차트의 모양, 위치, 배경 등 차트 영역의 모양을 설정합니다.

❷ **그림 영역** : 차트의 배경 색이나 배경 선, 차트 구성 등 차트 배경의 일반 모양을 설정합니다.

❸ **제목** : 차트 제목을 표시합니다. 글꼴, 글자 크기 및 색 등 글자 속성을 설정합니다.

❹ **계열** : 계열, 계열 이름표, 자료점, 자료점 이름표의 모양을 설정합니다.

❺ **축** : 축 속성을 설정합니다.

❻ **범례** : 범례 표시 여부 및 표시 위치를 설정합니다. 글꼴, 글자 크기 및 색 등 글자 속성을 바꿀 수 있습니다.

❼ **데이터 레이블** : 데이터 레이블을 표시하고 각각의 계열과 항목 이름 표시 여부와 레이블 위치를 설정합니다.

▶ 사용할 도구 알아보기

도구	설명
(차트)	차트 개체를 만들어 삽입합니다.
(차트 구성 추가)	축, 눈금선, 범례와 같은 차트 구성 항목을 추가합니다.
(차트 레이아웃)	선택한 차트의 레이아웃을 설정합니다.
(차트 계열색 바꾸기)	선택한 차트의 계열색을 설정합니다.
(차트 데이터 편집)	차트에 포함된 데이터 값을 변경합니다.

표를 활용해 차트 만들기

▶ 표 만들기

01 빈 문서에 '혈압 기록표'를 입력한 후 Enter 키를 두 번 눌러 한 줄을 떼고 다음 줄로 내려 갑니다. 표를 삽입하기 위해 [편집] 탭-[표(▦)]를 클릭합니다.

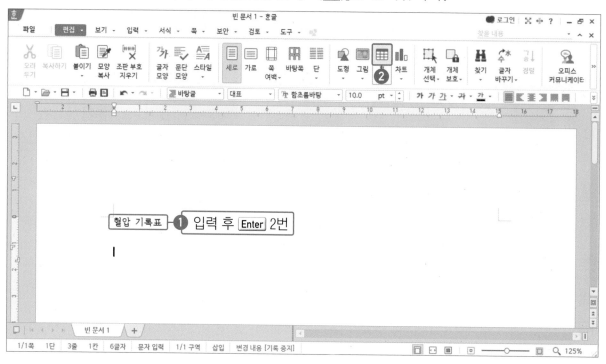

02 [표 만들기] 대화상자가 나타나면 [줄 개수]는 '8', [칸 개수]는 '4'로 설정하고 '글자처럼 취급'에 체크한 후 [만들기] 버튼을 클릭합니다.

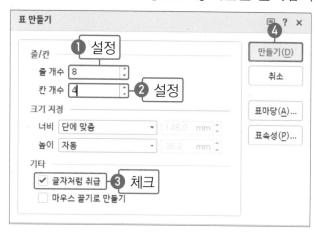

03 표가 만들어지면 다음과 같이 입력합니다.

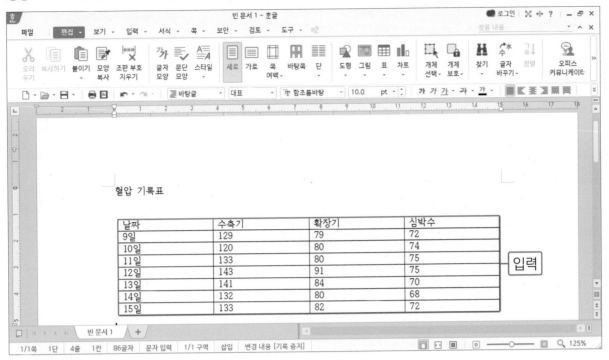

04 표를 드래그하여 전체를 블록으로 지정한 후 서식 도구 상자에서 [가운데 정렬(≡)]을 클릭해 정렬합니다. 오른쪽 경계선에 마우스를 가져가 마우스 포인터가 ⊪ 모양이 되면 왼쪽으로 드래그하여 표의 크기를 조절합니다.

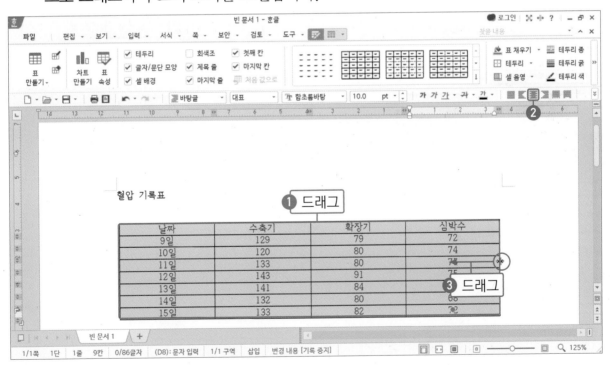

05 표 스타일을 변경하기 위해 [표 디자인()] 탭-[표마당]을 클릭합니다.

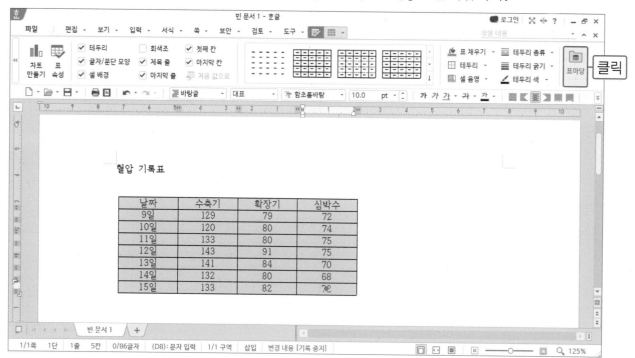

06 [표마당] 대화상자가 나타나면 [표마당 목록]에서 '밝은 스타일 1 – 흑백 색조'를 선택한 후 [설정] 버튼을 클릭합니다.

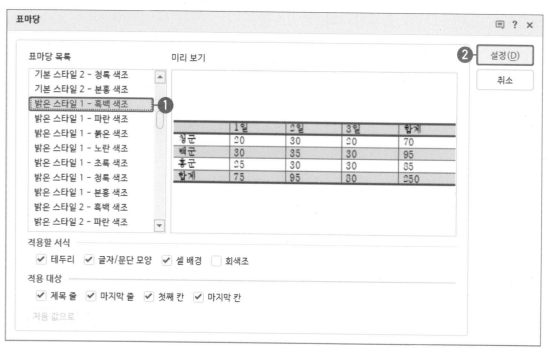

> 💡 **잠깐**
>
> **표마당**
> [표마당(▦)]에서 원하는 스타일로 표를 만들거나 변경할 수 있습니다.

07 '혈압 기록표'를 드래그하고 서식 도구 상자에서 [가운데 정렬(≣)]을 선택한 후 [편집] 탭–
[글자 모양(가)]을 클릭합니다.

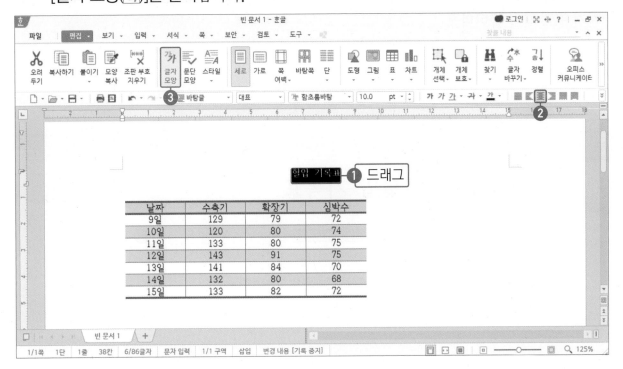

08 [글자 모양] 대화상자가 나타나면 [기본] 탭에서 [기준 크기]는 '24pt', [속성]은 [진하게(가)],
[음영 색]은 '주황(RGB: 255,132,58) 80% 밝게'로 설정한 후 [설정] 버튼을 클릭합니다.

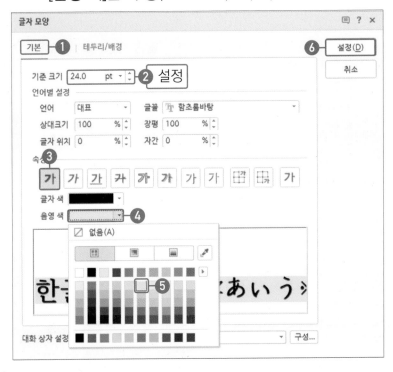

09 [입력] 탭에서 [가로 글상자(▤)]를 선택한 후 표의 오른쪽에 드래그하여 글상자를 만듭니다. 다음과 같이 입력한 후 서식 도구 상자에서 [나눔 정렬(▥)]을 클릭하여 단어를 일정한 간격으로 띄워 줍니다.

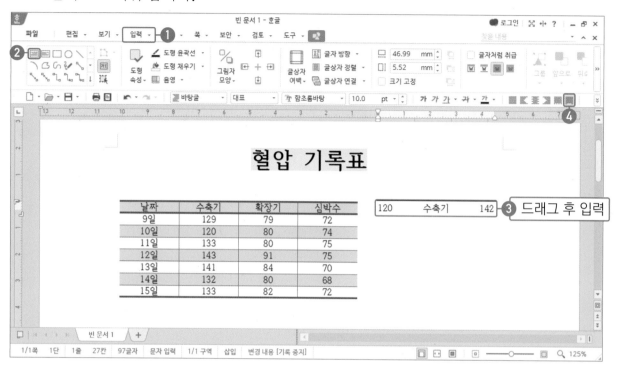

10 가로 글상자를 꾸미기 위해 가로 글상자를 선택하고 [도형(▨)] 탭-[도형 속성(▧)]을 클릭합니다.

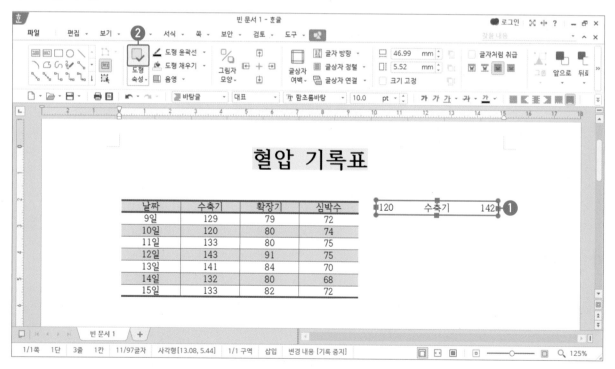

11 [개체 속성] 대화상자가 나타나면 [선] 탭을 클릭하고 [종류]는 '없음'으로 설정합니다.

12 [채우기] 탭에서 [채우기]는 '그러데이션'을 선택하고 [시작색]은 '주황(RGB: 255,132,58) 80% 밝게', [끝색]은 '빨강(RGB: 255,0,0)', [유형]은 '세로'로 설정한 후 [설정] 버튼을 클릭합니다.

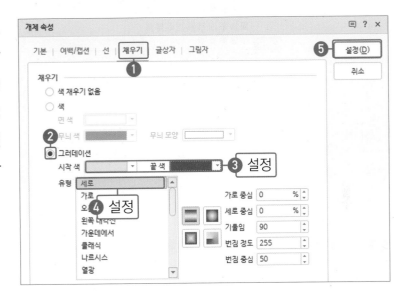

13 가로 글상자가 선택된 채로 서식 도구 상자에서 [글꼴]은 '맑은 고딕', [진하게(가)], [글자색(가)]은 기본 테마의 '하양(RGB: 255,255,255)'으로 설정합니다. 가로 글상자에서 '수축기'를 드래그하고 서식 도구 상자에서 [글자 크기]를 '7pt'로 설정합니다.

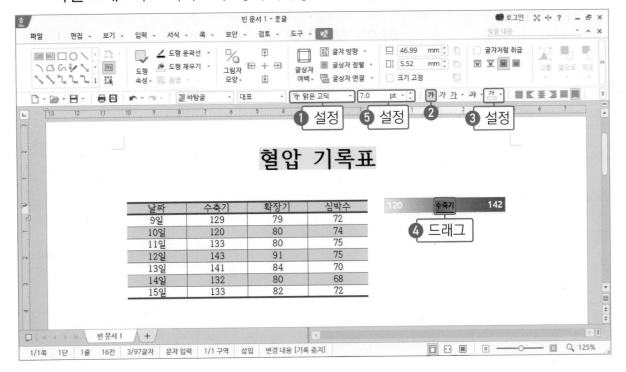

14 가로 글상자를 선택하고 Ctrl 키와 Shift 키를 누른 채 아래로 두 번 드래그하여 두 개의 글상자를 만듭니다. 세 번째 글상자가 선택된 상태에서 [도형( )] 탭-[도형 채우기( )]의 를 클릭한 후 [없음]을 선택합니다.

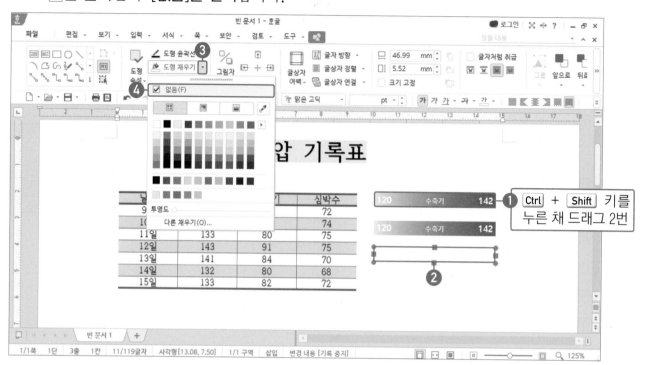

15 서식 도구 상자에서 [가운데 정렬( )]을 클릭한 후 [편집] 탭-[글자 모양( )]을 클릭합니다.

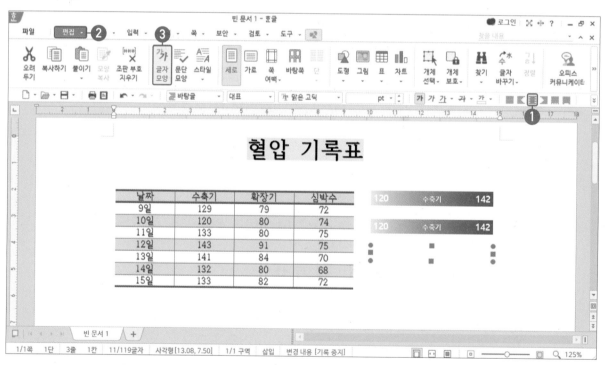

16 [글자 모양] 대화상자가 나타나면 [기본] 탭에서 [기준 크기]를 '7pt'로 설정하고, [글자 색]은 '검정(RGB: 0,0,0)'으로 설정한 후 [설정] 버튼을 클릭합니다.

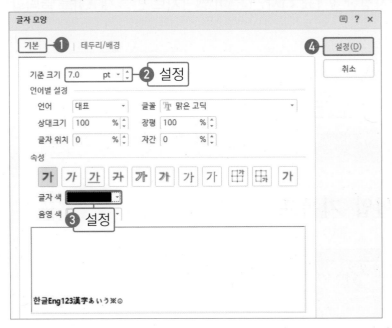

17 두 번째, 세 번째 가로 글상자의 내용을 다음과 같이 수정하고, 가로 글상자 간격도 좁혀 줍니다.

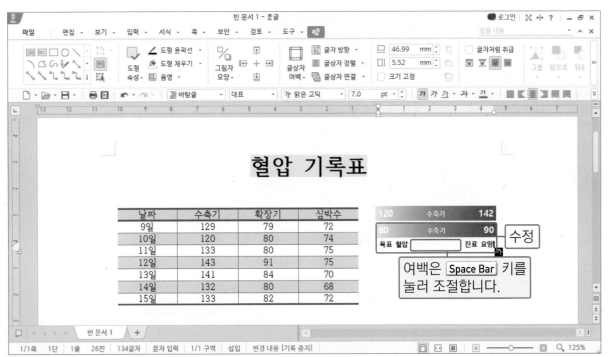

잠깐 **도형 세밀하게 조정하기**
도형의 크기를 세밀하게 변경하거나 이동시키려면 Alt 키를 누른 상태에서 도형의 크기 조절점을 드래 그하거나 이동시켜야 합니다.

▶ 차트 만들기

01 표 전체를 드래그하여 블록으로 지정한 후 [표 디자인(▨)] 탭–[차트 만들기(▥)]를 클릭합니다.

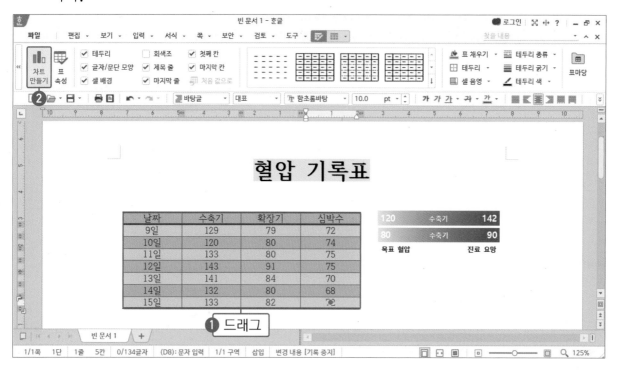

02 '묶은 세로 막대형 차트'가 자동으로 만들어집니다. 차트 데이터 편집 창의 ☒를 클릭하여 닫은 후 **차트를 드래그하여 표 아래로 이동시킵니다.**

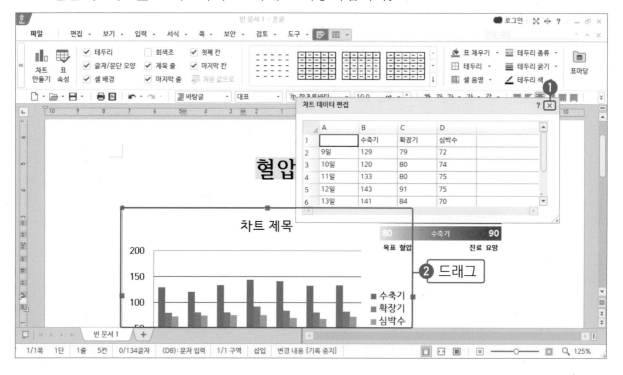

 차트 상단에 '차트 제목'이 나타나지 않으면 [차트 디자인] 탭–[차트 구성 추가]–[차트 제목]–[위쪽]을 클릭합니다.

▶ 차트 편집하기

01 차트의 종류를 변경하기 위해 **차트를 선택**하고 [차트 디자인(📊)] 탭-[차트 종류 변경(📊)]
을 클릭한 후 [꺾은선/영역형]에서 [꺾은선형]을 선택합니다.

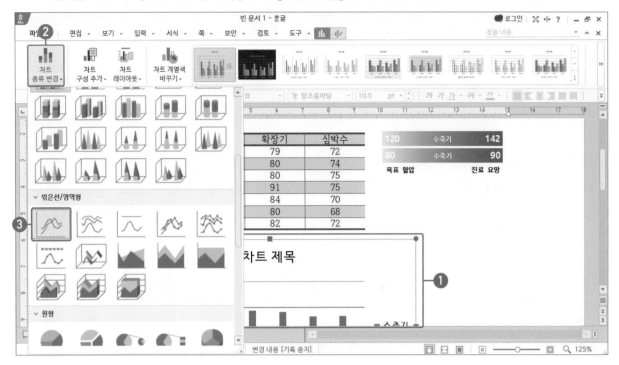

02 차트 종류가 '꺾은선형'으로 변경되었습니다. [차트 디자인(📊)] 탭-[차트 데이터 편집(📊)]
을 클릭합니다.

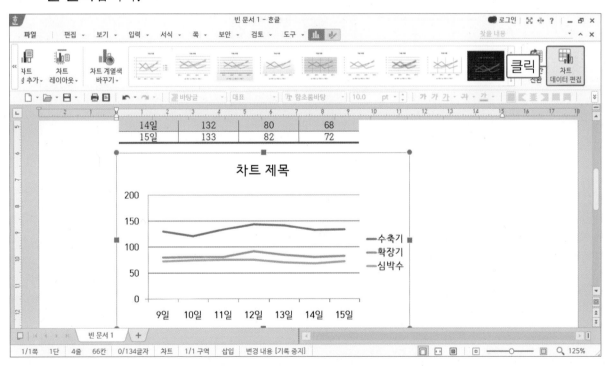

03 차트 데이터 편집 창에서 심박수에 해당하는 'D열 머리글' 위에서 마우스 오른쪽 버튼을 클릭하여 [지우기]를 클릭합니다. 해당 열이 지워졌으면 ⊠를 클릭하여 창을 닫습니다.

04 [차트 디자인(📊)] 탭-[차트 스타일]에서 '스타일4'를 클릭합니다. 차트 스타일이 변경됩니다.

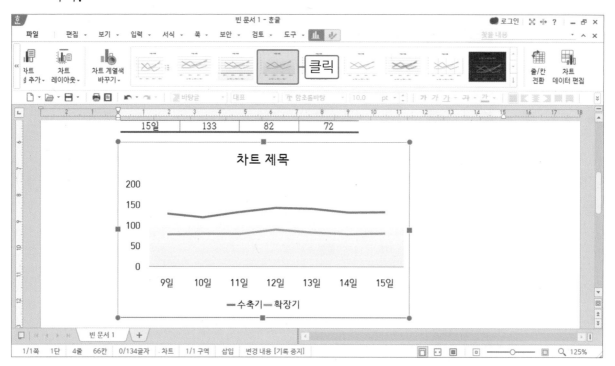

05 차트 제목을 편집하기 위해 **차트 제목을 선택**하고 마우스 오른쪽 버튼을 클릭한 후 [제목 편집]을 클릭합니다.

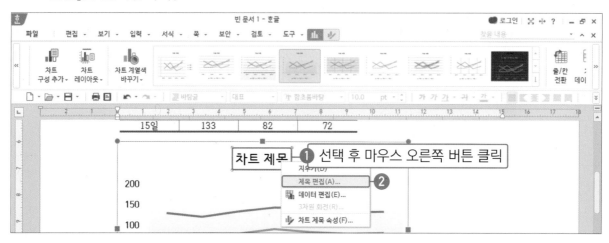

06 [차트 글자 모양] 대화상자의 [글자 내용]에 '혈압 기록'이라고 입력한 후 [설정] 버튼을 클릭합니다. 차트 제목이 입력됩니다.

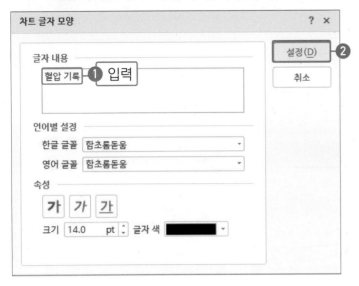

07 [차트 디자인(■)] 탭-[차트 구성 추가(■)]-[데이터 레이블]-[표시]를 클릭합니다.

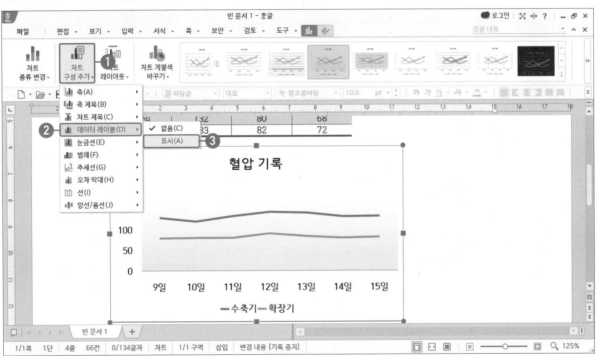

 데이터 레이블
데이터 레이블에서는 각각의 계열, 항목 이름 표시 여부, 레이블 위치를 설정할 수 있습니다.

08 [차트 서식(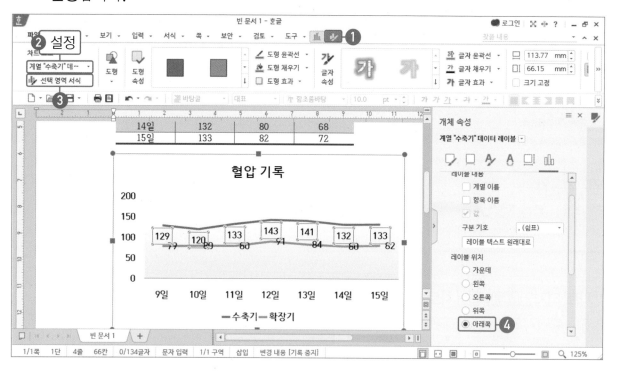)] 탭의 차트 요소에서 [계열 "수축기" 데이터 레이블]로 설정한 후 [선택 영역 서식]을 클릭합니다. 오른쪽에 개체 속성 창이 나타나면 [레이블 위치]를 '아래쪽'으로 설정합니다.

09 오른쪽 개체 속성 창의 위쪽에서 '계열 "수축기" 데이터 레이블'의 ▾를 클릭하여 '계열 "확장기" 데이터 레이블'로 설정한 후 [레이블 위치]를 '아래쪽'으로 설정합니다.

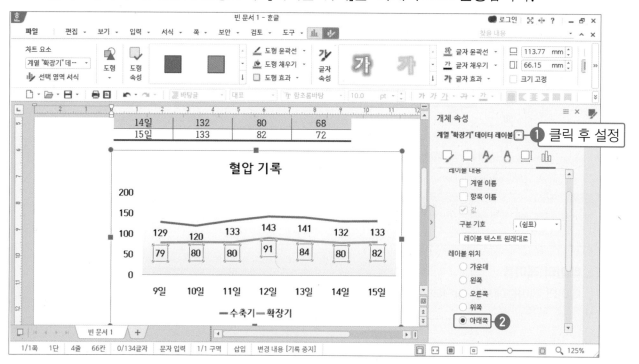

10 개체 속성 창의 위쪽에서 '계열 "확장기" 데이터 레이블'의 ⏷를 클릭하여 '값 축'으로 설정한 후 레이블 위치를 '없음'으로 설정합니다. 개체 속성 창의 ⊠를 클릭하여 창을 닫습니다.

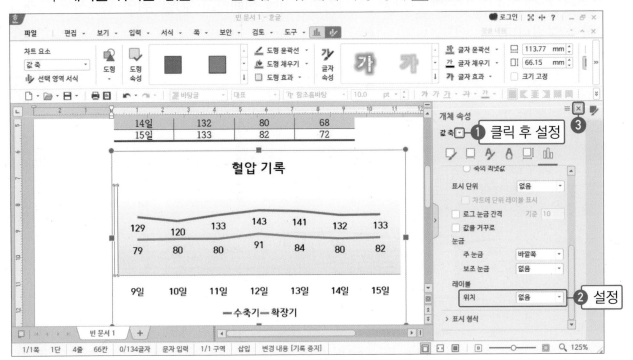

 가로 축의 설정을 변경하려면 개체 속성 창을 '항목 축'으로 설정하여 변경합니다.

11 차트에서 세로 값 축이 보이지 않게 되었습니다. 차트의 오른쪽 가운데 크기 조절점과 아래쪽 가운데 크기 조절점을 드래그하여 너비와 길이를 조절합니다.

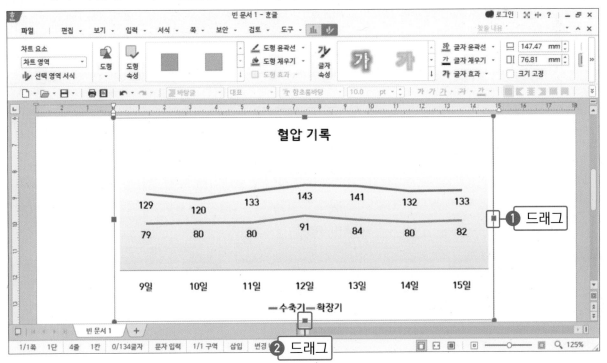

▶ 점선으로 중요 부분 꾸미기

01 [차트 서식(⚡)] 탭–[도형(🔺)]에서 [직사각형(□)]을 선택하고 '10일' 위의 꺾은선에 드래그 하여 그립니다.

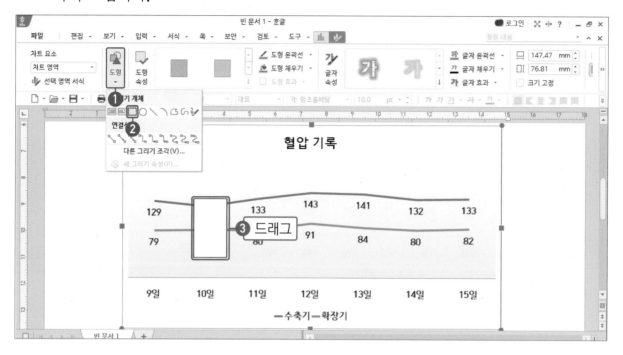

02 직사각형이 선택된 상태에서 [도형(🔺)] 탭–[도형 속성(☑)]을 클릭합니다.

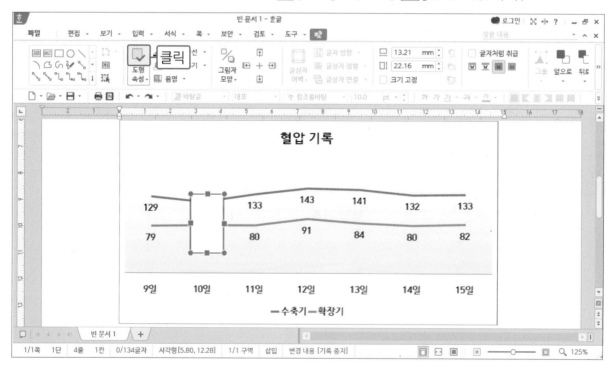

03 [개체 속성] 대화상자가 나타
나면 [선] 탭에서 [색]은 '초록
(RGB: 0,128,0)', [종류]는 '점
선', [선 굵기]는 '0.4mm'로 설
정합니다.

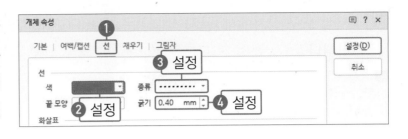

04 [채우기] 탭을 선택한 후 채우
기에서 '색'의 [면 색]을 '없음'으
로 설정한 후 [설정] 버튼을 클
릭합니다.

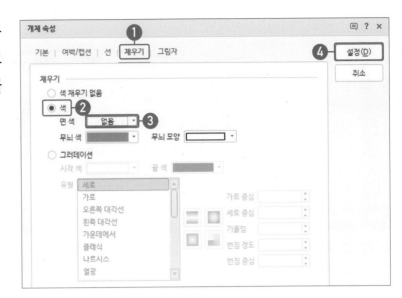

05 [입력] 탭에서 [가로 글상자(▥)]를 선택한 후 ❸과 같이 드래그하여 그립니다. [도형(▨)] 탭
의 [도형 윤곽선(✎)]의 ▾를 클릭한 후 [없음], [도형 채우기(◈)]의 ▾를 클릭한 후 [없음]으로
설정합니다.

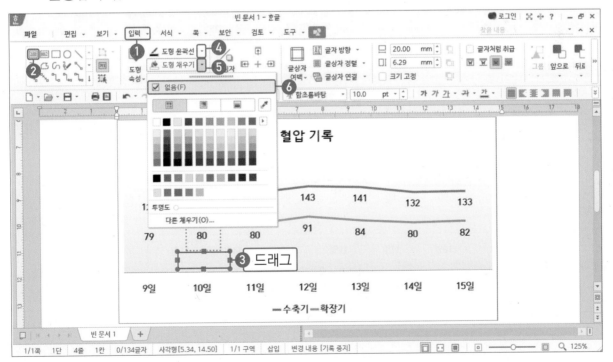

06 서식 도구 상자에서 [글자 색(가)]은 '초록(RGB: 0,128,0)'으로 설정한 후 '목표 혈압'을 입력합니다.

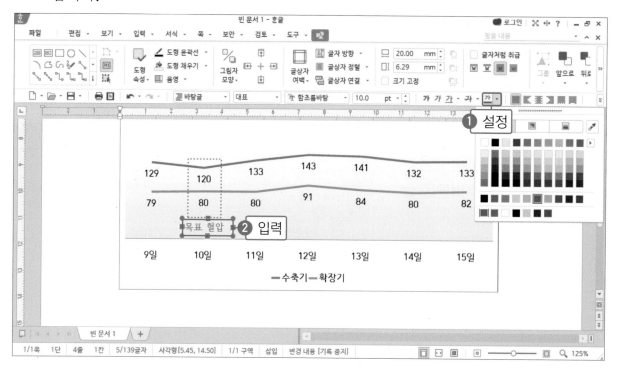

07 같은 방법으로 혈압이 제일 높은 12일과 13일에 '빨강(RGB: 255,0,0)' 색의 점선 사각형을 만듭니다. 사각형 아래에 선과 색이 없는 가로 글상자를 만들어 '진료 요망'을 입력한 후 글자 색은 오피스 테마의 '빨강(RGB: 255,0,0)'으로 설정합니다.

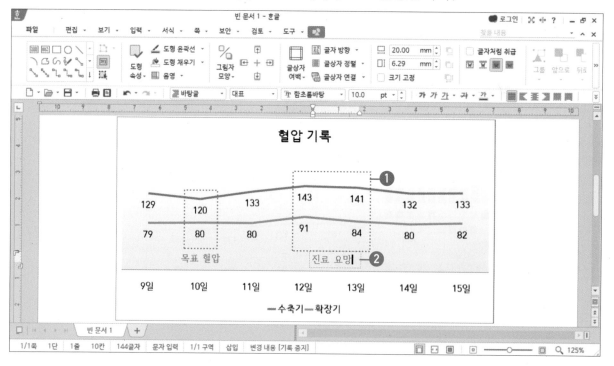

08 서식 도구 상자에서 [저장하기(目)]를 클릭해 파일 이름을 '혈압차트'로 저장합니다.

01 다음과 같이 표를 만든 후 원형 차트를 만들어 봅니다.

- 차트 제목 : 지역별 판매량
- 차트 종류 : 3차원 누적 가로 막대형
- 차트 스타일 : 스타일6

	2022년	2023년	2024년
서울	45602	51346	34562
경기	56008	67032	66548
인천	34531	44673	65072

지역별 판매량

02 문제 **01**에서 만든 차트를 영역형 차트로 변경하고 차트 스타일도 변경해 봅니다.

- 차트 종류 : 누적 영역형
- 차트 계열색 : 색상 조합 − 색3
- 데이터 레이블 : 표시
- 값 축 : 레이블 위치 − 없음

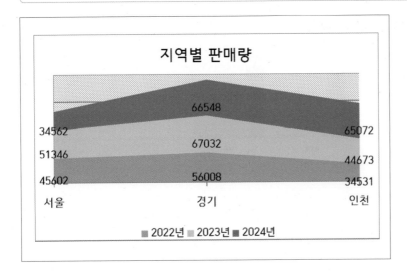

03 문제 **02**에서 만든 문서를 '판매차트.hwp'로 저장해 봅니다.

04 다음 표를 활용해 묶은 세로 막대형 차트를 만들어 봅니다.

> • **차트 제목** : HancomEQN, 진하게, 14pt, 채우기 – 강조4
> • **값 축 주 눈금선** : 선 – 없음
> • **표 셀 배경색** : (A1:F1) 셀 – 하늘색(RGB: 97,130,214)
>   (A2:A5) 셀 – 하늘색(RGB: 97,130,214) 80% 밝게

요인	20대	30대	40대	50대	평균
시간문제	54	56.2	59.3	53.2	55.68
동기부족	7.6	9.8	11.5	17.1	11.50
학습비용	15.4	14.9	13.2	15.4	14.73
기타	23	19.1	16	14.3	18.10

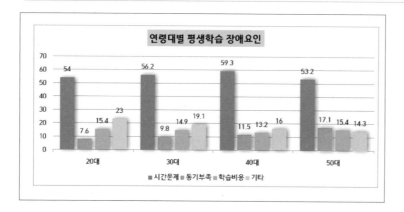

 힌트 [차트 서식(📊)] 탭의 차트 요소에서 [차트 제목]이나 [값 축 주 눈금선]을 선택하여 개체 속성을 변경합니다.

05 문제 **04**의 차트의 줄/칸을 전환한 후 데이터 레이블을 모두 표시하고, 차트 크기를 다음처럼 조절합니다.

> • **차트 스타일** : 스타일9

연령대별 평생학습 장애요인

06 문제 **05**에서 만든 문서를 '연령대별차트.hwp'로 저장해 봅니다.

07 메모지 만들기

- 편집 용지 설정하기
- 단 나누기
- 단에 구분선 넣기

미/리/보/기

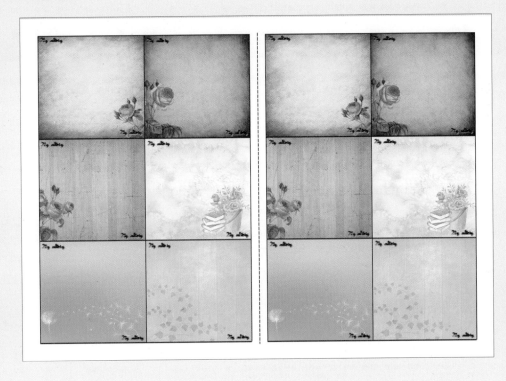

이번 장에서는 다단 편집에 대해 알아본 후 편집 용지를 설정할 때 단을 나누는 방법을

배워 봅니다. 그리고 표를 이용해 메모지의 틀을 만들고 셀 안에 각각 다른 그림을 넣어

여러 가지 배경의 예쁜 메모지를 만들어 보겠습니다.

다단에 대해 알아보기

▶ 다단이란?

다단이란 한 페이지를 여러 개의 단으로 나누는 기능입니다. 단을 나누면 문서가 정돈되어 보이는 효과가 있고 한 페이지 안에 많은 내용을 넣을 수 있어 공간을 효율적으로 활용할 수 있습니다. 주로 신문이나 잡지, 책의 목차 등을 만들 때 가독성을 높이기 위해 다단 편집을 사용합니다.

• 단 만들기 : [쪽] 탭-[단(▥)]-[둘]을 클릭하면 한 쪽을 두 개의 단으로 나눌 수 있습니다.

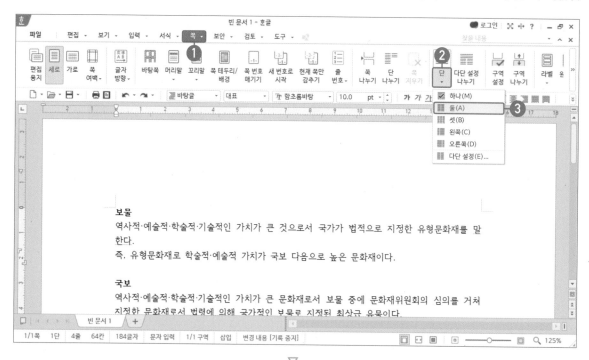

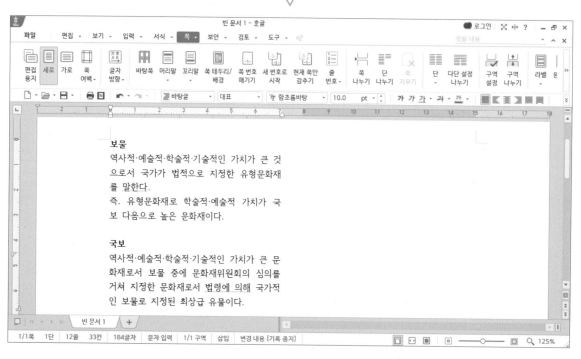

▶ 단 나누기

[단 나누기(▤)]를 이용하면 클릭한 곳 이후의 내용을 다음 단으로 옮길 수 있습니다.

* 단 나누기 : 다음 단으로 이동할 곳을 클릭하고 [쪽] 탭-[단 나누기(▤)]를 클릭합니다. 클릭한 곳 이후의 내용이 다음 단으로 이동했습니다.

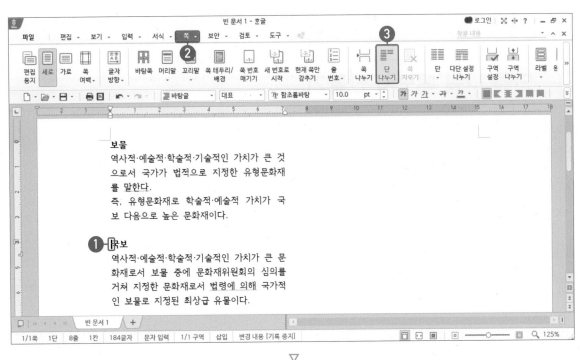

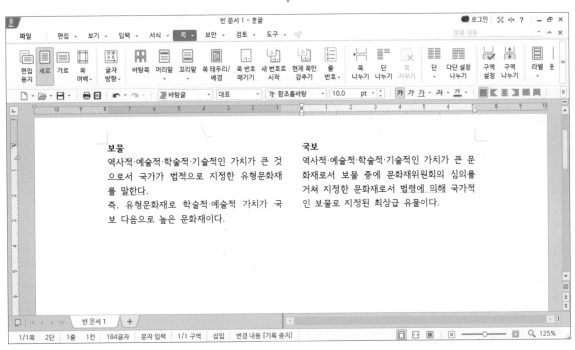

▶ 사용할 도구 알아보기

도구	설명
(다단 설정 나누기)	한 페이지를 여러 개의 단으로 나눕니다.
(내용 정렬)	셀에 입력한 내용의 정렬 방식을 설정합니다.

02 단을 나눠 메모지 만들기

▶ 편집 용지 설정하기

01 빈 문서의 편집 용지를 설정하기 위해 [쪽] 탭-[편집 용지(📄)]를 클릭합니다.

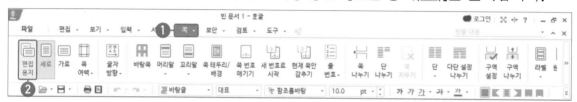

02 [편집 용지] 대화상자가 나타나면 [기본] 탭에서 [용지 방향]은 [가로(▭)], [용지 여백]의 [위쪽], [왼쪽], [오른쪽], [아래쪽]은 '10mm', [머리말], [꼬리말]은 '0mm'로 설정하고 [설정] 버튼을 클릭합니다.

> 💡 **잠깐**
>
> **편집 용지**
> [편집 용지] 대화상자에서 용지의 종류와 용지의 방향, 용지의 여백 등을 설정하며 바로 가기 키는 F7 입니다.

03 화면 아래쪽의 [쪽 맞춤(▣)]을 클릭해 가로로 변경된 편집 용지와 여백 등을 확인하고 단을 나누기 위해 [쪽] 탭–[단(⬚)]–[둘]을 클릭합니다.

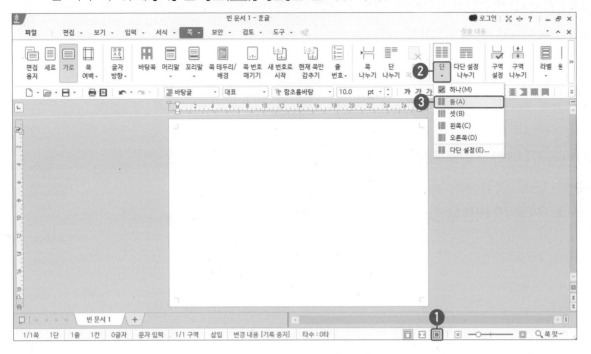

04 가로 눈금자에서 두 개의 단으로 나눠진 것을 확인할 수 있습니다.

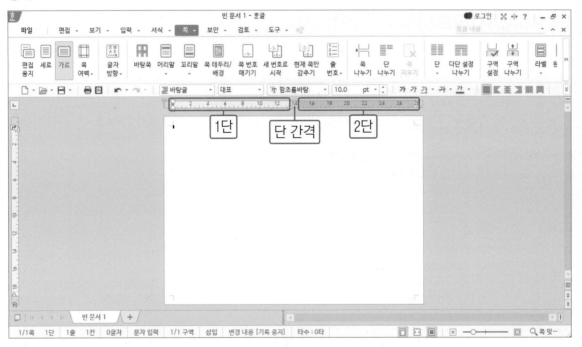

다단 편집 시 유의사항

화면에 입력된 내용이 없으면 단의 모양을 확인할 수 없기 때문에 문서 작업의 마무리 단계에서 단을 설정하는 것이 좋습니다. 예제에서는 메모지를 만들 것이기 때문에 글을 입력하지 않고 먼저 단을 나누었습니다.

▶ 메모지 틀 만들기

01 [편집] 탭-[표(⊞)]를 클릭합니다.

02 [표 만들기] 대화상자에서 [줄 개수]는 '3', [칸 개수]는 '2'로 설정하고 '글자처럼 취급'에 체크한 후 [만들기] 버튼을 클릭합니다.

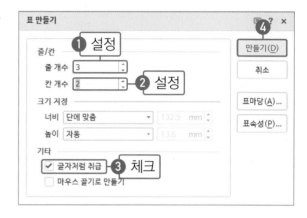

03 표 전체를 드래그하여 블록으로 지정한 후 표 아래쪽 경계선에 마우스를 가져가 마우스 모양이 ⬍로 변하면 표를 아래로 드래그합니다.

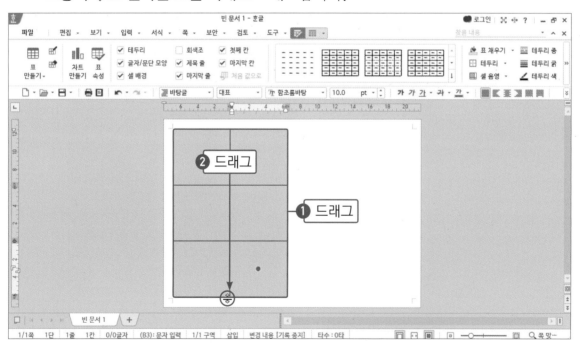

04 화면 아래쪽의 [화면 보기]를 '125%'로 설정합니다. [A1] 셀을 클릭한 후 [표 레이아웃 (▦▾)] 탭-[내용 정렬(▦)]-[세로 정렬]-[위쪽]을 클릭합니다.

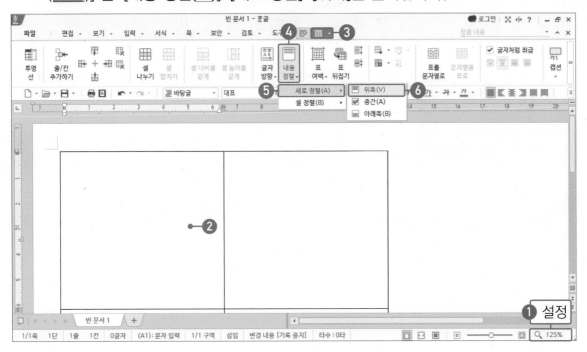

05 'My Story'를 입력한 후 Enter 키를 여러 번 눌러 셀 끝에 다시 'My Stroy'를 입력하고 서식 도구 상자에서 [오른쪽 정렬(▤)]을 클릭합니다.

06 F5 키를 눌러 현재 셀을 블록으로 지정한 후 [편집] 탭-[글자 모양(가)]을 클릭합니다.

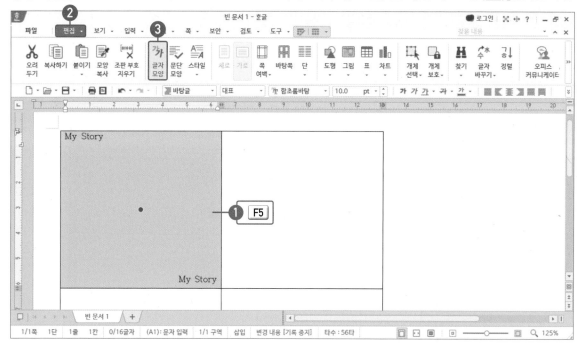

07 [글자 모양] 대화상자의 [기본] 탭에서 [글꼴]은 '펜흘림', [속성]은 '진하게(가)', '그림자(가)'로 설정한 후 [설정] 버튼을 클릭합니다.

08 [편집] 탭–[복사하기(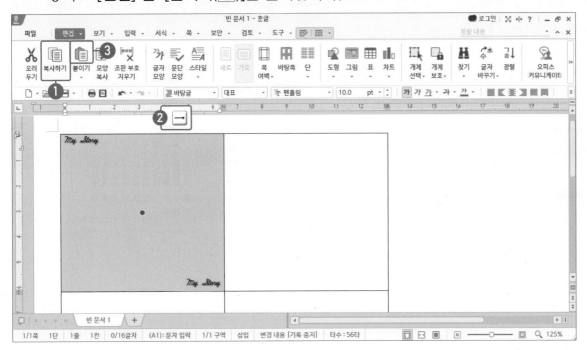)]를 클릭해 셀을 복사한 후 방향키에서 → 키를 눌러 [B1] 셀로 이동하고 [편집] 탭–[붙이기(📋)]를 클릭합니다.

09 [셀 붙이기] 대화상자가 나타나면 [붙이기]에서 [내용만 덮어쓰기(▦)]를 선택한 후 [붙이기] 버튼을 클릭합니다.

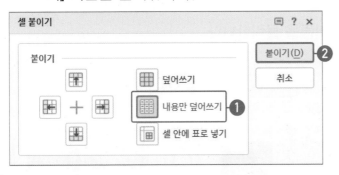

10 나머지 다섯 개의 셀도 [내용만 덮어쓰기(▦)]로 설정하여 붙여넣습니다.

▶ 셀 배경 채우기

01 첫 번째 칸을 클릭하고 [표 디자인(▦)] 탭–[표 채우기(🎨)]의 ▾를 클릭한 후 [다른 채우기]를 선택합니다.

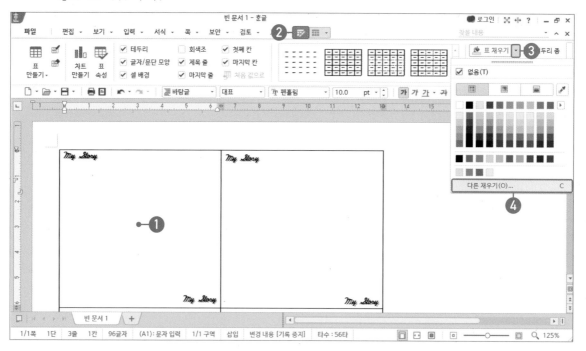

02 [셀 테두리/배경] 대화상자의 [배경] 탭에서 '그림'에 체크한 후 [그림 선택(🖼)]을 클릭합니다. '메모배경01.jpg'를 선택하고 [열기] 버튼을 클릭합니다.

03 그림을 셀의 크기에 맞추기 위해 [채우기 유형]을 '크기에 맞추어'에 설정하고 '문서에 포함'에 체크한 후 [설정] 버튼을 클릭합니다.

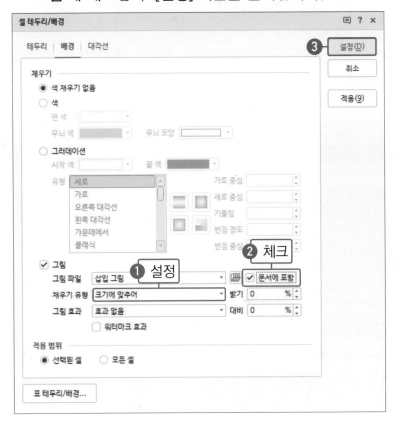

04 셀 크기에 맞춰 셀 배경에 그림이 삽입되었습니다.

05 같은 방법으로 나머지 다섯 개의 셀 배경에 '메모배경02.jpg~메모배경06.jpg'를 삽입합니다.

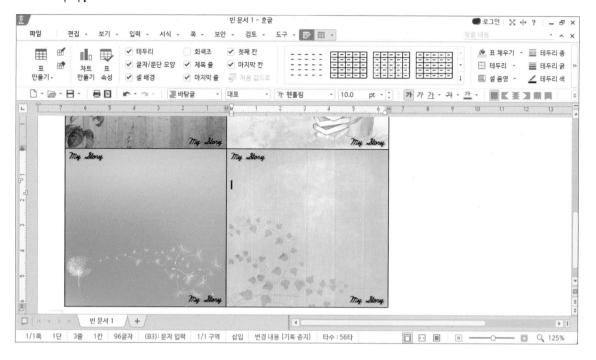

06 전체 화면을 보기 위해 화면 아래쪽의 [쪽 맞춤(▣)]을 클릭합니다. 표를 선택한 후 [편집] 탭-[복사하기(▤)]를 클릭합니다.

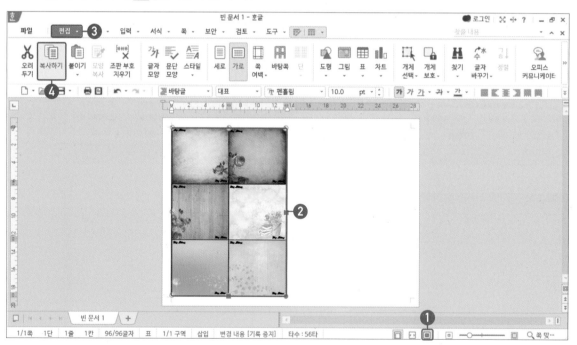

07 [편집] 탭–[붙이기(📋)]를 클릭해 다음 단에 메모지를 붙여 넣습니다.

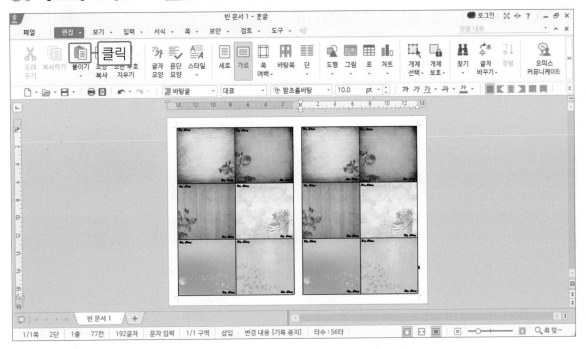

▶ 구분선 삽입하기

01 단과 단 사이에 구분선을 넣기 위해 [쪽] 탭–[단(▦)]을 클릭합니다.

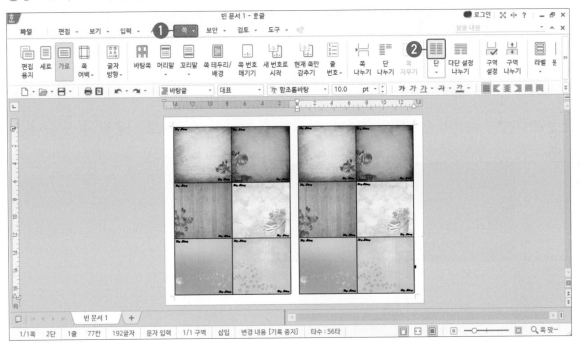

02 [단 설정] 대화상자에서 '**구분선 넣기**'에 체크한 후 [종류]를 '**파선**'으로 설정하고 [설정] 버튼을 클릭합니다.

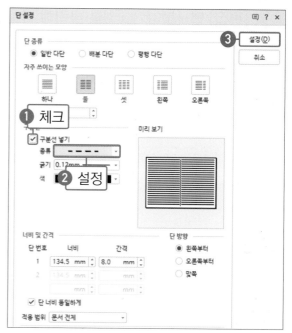

단 종류

단 종류는 단 개수가 '둘' 이상일 때 선택할 수 있고 단에 내용을 입력하는 방법에 따라 단 종류를 세 가지로 나눌 수 있습니다.

- **일반 다단** : 가장 기본적인 단 종류로 한 단씩 차례대로 내용을 입력할 수 있습니다.
- **배분 다단** : 각 단에 입력한 내용의 높이가 비슷해지도록 내용을 자동으로 조절합니다.
- **평행 다단** : 하나의 단에 내용을 모두 입력하지 않아도 다음 단으로 이동하여 내용을 입력할 수 있습니다. 용어 사전처럼 단어와 설명을 번갈아 나열할 때 평행 다단을 사용합니다.

03 단을 구분하는 구분선이 삽입되었습니다. 인쇄한 후 잘라서 메모지로 사용할 수 있습니다.

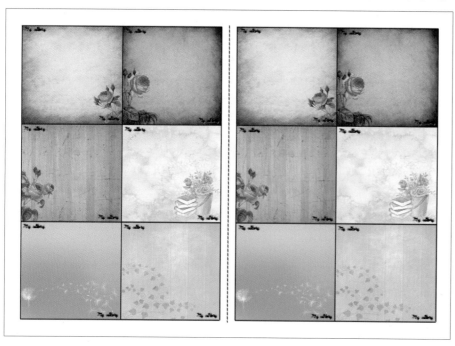

04 서식 도구 상자에서 [저장하기(📁)]를 클릭한 후 파일 이름을 '**메모지**'로 저장합니다.

01 다음과 같이 표를 만들고 '여행01.jpg~여행04.jpg'를 셀 배경에 삽입해 봅니다.

준비파일 여행01.jpg~여행04.jpg

- **편집 용지**
  - · 용지 방향 : 가로
  - · 용지 여백 : 위쪽, 아래쪽 – 10mm, 왼쪽, 오른쪽 – 20mm, 머리말, 꼬리말, 제본 – 0mm
- **가로 글상자**
  - · 기본 : 위치 – 글자처럼 취급
  - · 선 : 사각형 모서리 곡률 – 반원
  - · 채우기 : 남색(RGB: 58,60,132)
  - · 글꼴 : 함초롬바탕, 15pt, 진하게, 가운데 정렬
- **그림** : 여행01.jpg, 여행02.jpg, 여행03.jpg, 여행04.jpg
- **단 설정**
  - · 구분선 : 종류 – 원형 점선, 색 – 검은 군청(RGB: 27,23,96)

이탈리아 여행

 반원으로 설정한 가로 글상자를 먼저 만든 후에 [쪽] 탭–[다단 설정 나누기(▦)]를 클릭해 단을 둘로 나눕니다.

02 문제 **01**에서 만든 문서를 '사진첩.hwp'로 저장해 봅니다.

03 다음과 같이 편집 용지를 설정한 후 단을 나눠 내용을 입력하고 쪽 배경에 그러데이션을 넣어 초대장을 만들어 봅니다.

준비파일 리본.png, 장식.png

- 편집 용지 : 용지 방향 – 가로
- 단 설정
  · 구분선 : 종류 – 긴 파선, 색 – 연한 노랑(RGB: 250,243,219) 75% 어둡게
  · 단 번호1 : 너비 – 70mm, 간격 – 12mm
  · 단 번호2 : 너비 – 155mm
  · 그림 : 리본.png, 장식.png
- 쪽 배경 그러데이션 : 유형 – 그리움, 원형
- 시화전에 여러분을 초대합니다. : 신명 신문명조, 20pt
- 모시는 글 : 맑은 고딕, 20pt
- 본문 : 신명조, 15pt
- 일시, 장소, 주체 : 함초롬바탕, 15pt

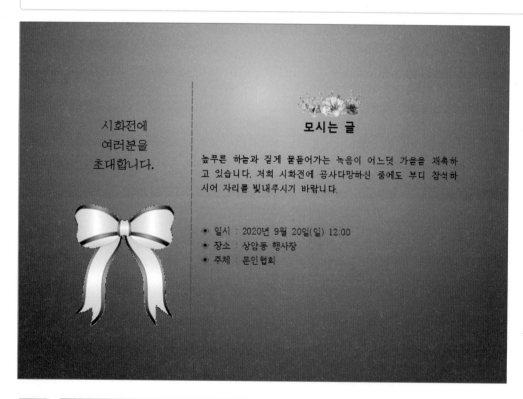

 단을 설정할 때 '단 너비 동일하게'의 체크를 해제해야 양쪽 단의 너비를 다르게 설정할 수 있습니다.

04 문제 **03**에서 만든 문서를 '시화전초대장.hwp'로 저장해 봅니다.

08 명함집 만들기

- 라벨 문서 만들기
- 메일 머지 표시 달기
- 메일 머지 만들기
- 메일 머지 출력하기

미/리/보/기

준비파일 : 명함배경.jpg
완성파일 : 명함집.hwp, 데이터.hwp, 명함집완성.hwp

이번 장에서는 라벨과 메일 머지에 대해 알아보고 라벨 문서를 만든 후 메일 머지 기능을 이용해 명함집을 만들어 보겠습니다. 라벨 문서로 서식 파일을 만들고 서식 파일과 데이터 파일을 결합하면 메일 머지를 만들 수 있습니다.

01 라벨과 메일 머지 알아보기

▶ 라벨이란?

라벨은 다른 대상과의 구분이나 관리의 편의성을 목적으로 파일이나 상품 등에 붙이는 이름표입니다.

▶ 라벨 문서 만들기 대화상자

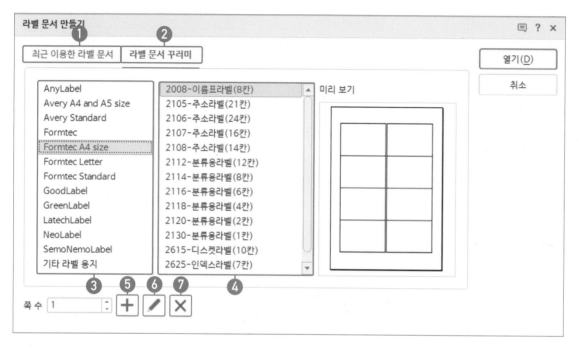

❶ **최근 이용한 라벨 문서** : 최근에 작업한 라벨 문서 목록이 나타납니다. 여기서 원하는 라벨 문서를 쉽게 불러올 수 있습니다.

❷ **라벨 문서 꾸러미** : 새로운 라벨 용지를 만들거나 이미 등록된 라벨 용지를 수정할 수 있고 사용하지 않는 라벨 용지를 삭제할 수 있습니다.

❸ **라벨 용지 제조 회사** : 라벨 용지 제조 회사 목록입니다.

❹ **라벨 용지 목록** : 선택한 제조 회사의 라벨 용지 제품 이름과 제품 번호가 나타납니다. 필요에 따라 원하는 라벨 용지를 구매하여 사용할 수 있습니다.

❺ **라벨 용지 만들기** : 새로운 라벨 용지 양식을 만듭니다.

❻ **라벨 용지 고치기** : 이미 등록된 라벨 용지의 이름을 수정하거나 경로를 새로 지정합니다.

❼ **라벨 용지 지우기** : 사용하지 않는 라벨 용지를 삭제합니다.

▶ 라벨 문서 만들기

[쪽] 탭-[라벨(▤)]-[라벨 문서 만들기]를 클릭합니다. [라벨 문서 만들기] 대화상자에서 라벨
용지 제조 회사와 라벨 용지를 선택하고 [열기] 버튼을 클릭하면 선택한 양식의 라벨 문서가 만
들어집니다.

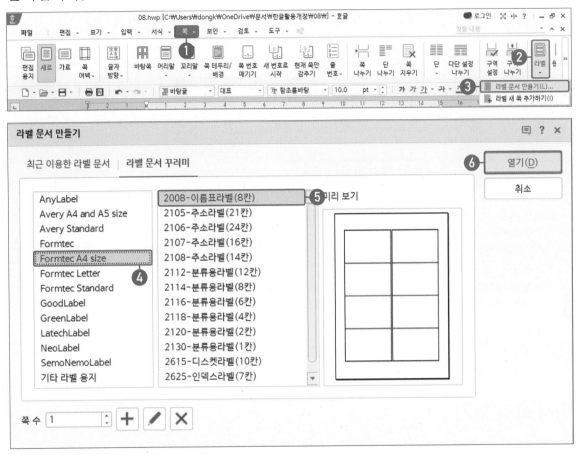

▶ 메일 머지란?

메일 머지란 똑같은 내용의 편지를 서로 다른 여러 사람에게 보낼 때 사용하는 기능입니다. 여
러 명에게 같은 내용의 편지를 보낼 때 메일 머지 기능을 사용하면 같은 내용을 반복해서 입력
하지 않아도 됩니다. 메일 머지를 사용하기 위해서는 받는 사람의 성명, 주소 등이 들어 있는
'데이터 파일'과 편지 내용이 담긴 '서식 파일'이 필요합니다.

▶ 데이터 파일

데이터 파일은 받는 사람의 성명, 주소 등이 들어 있는 파일로 서식 파일에서 바뀌는 부분을 입력합니다. 데이터 파일을 만들 때는 첫 줄에 반드시 필드 개수를 입력해야 합니다.

예를 들어 바뀌는 내용이 '성명', '전화번호', '이메일'이라면 세 개의 필드로 구성된 것이므로 첫 줄에 '3'을 입력한 후 둘째 줄부터는 데이터 파일의 내용을 차례대로 입력합니다.

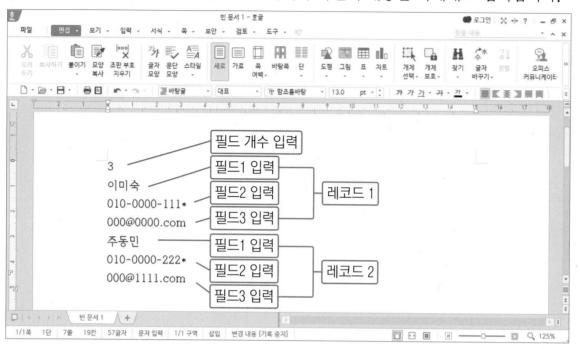

▶ 메일 머지 표시 달기

메일 머지 표시 달기는 데이터 파일에 입력한 성명, 주소 등이 들어갈 위치를 서식 파일에 표시하는 기능입니다. 데이터 파일을 서식 파일로 불러오면 메일 머지가 완성됩니다.

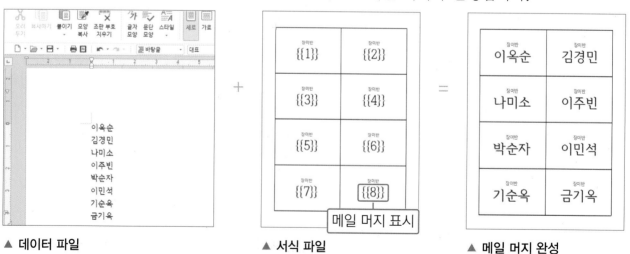

▲ 데이터 파일   ▲ 서식 파일   ▲ 메일 머지 완성

▶ 사용할 도구 알아보기

도구	설명
📇 (라벨)	이름표, 명함 등의 원하는 라벨 문서를 손쉽게 만듭니다.
✉ (메일 머지)	메일 머지를 만들거나 클릭한 곳에 메일 머지 표시를 삽입합니다.

02 메일 머지로 명함집 만들기

▶ 라벨 문서 만들기

01 빈 문서에서 [쪽] 탭–[라벨(📇)]–[라벨 문서 만들기]를 클릭합니다.

02 [라벨 문서 만들기] 대화상자의 [라벨 문서 꾸러미] 탭에서 'Formtec'을 클릭한 후 '명함지 (10칸) – 3700'을 선택하고 [열기] 버튼을 클릭합니다.

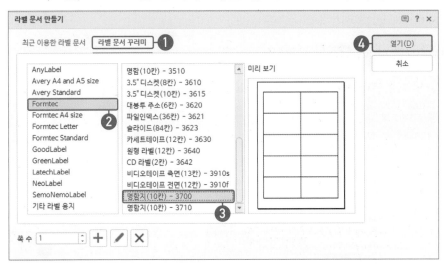

 라벨 용지
라벨 용지 제조 회사를 선택하면 선택한 제조 회사의 라벨 용지 목록이 목록 상자에 나타납니다.

03 새로운 문서 창이 열리고 선택한 라벨 용지 스타일의 문서가 만들어집니다.

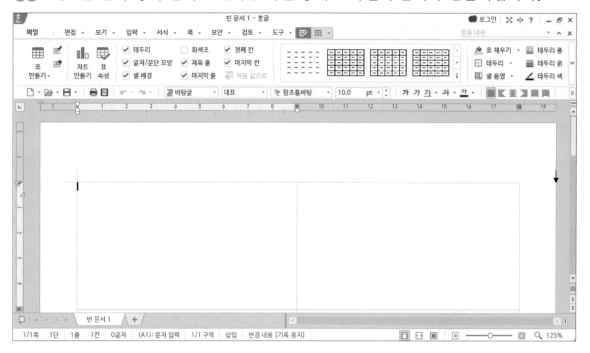

▶ 서식 파일 만들기

01 첫 번째 칸에서 명함의 이름이 들어갈 곳을 클릭하고 [도구] 탭의 ▼를 클릭한 후 [메일 머지(✉)]–[메일 머지 표시 달기]를 클릭합니다. [메일 머지 표시 달기] 대화상자가 나타나면 [필드 만들기] 탭을 클릭한 후 [필드 번호나 이름을 입력하세요.]에 '1'을 입력하고 [넣기] 버튼을 클릭합니다.

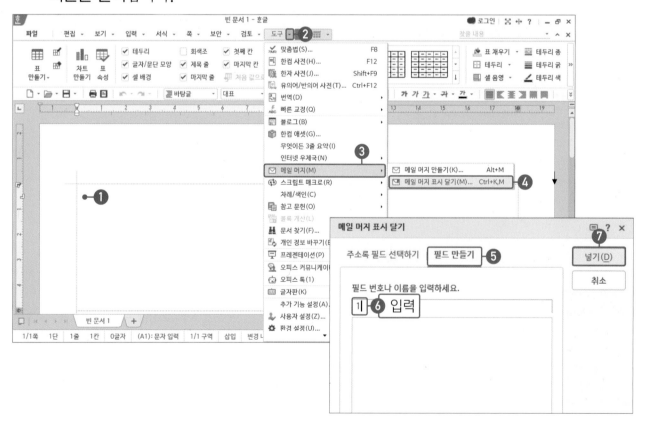

02 메일 머지 표시 {{1}}이 나타납니다. Enter 키를 두 번 눌러 두 줄을 띄고 문자표를 입력하기 위해 [입력] 탭-[문자표(문자표)]-[문자표]를 클릭합니다.

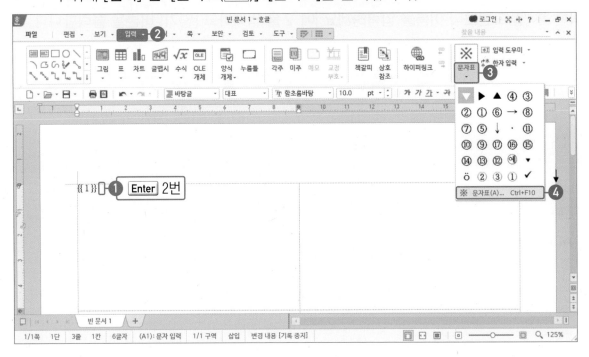

 잠깐

메일 머지
메일 머지를 수행할 서식 파일에 내용을 입력하고 데이터 파일의 정보를 넣을 위치를 표시합니다. 데이터 파일은 윈도우 주소록, Outlook 주소록, 한글 파일, 한셀/엑셀 파일, DBF 파일 등을 사용할 수 있습니다.

03 [문자표] 대화상자가 나타나면 [사용자 문자표] 탭에서 [문자 영역]의 '기호2'를 클릭한 후 '☎'를 선택하고 [넣기] 버튼을 클릭합니다.

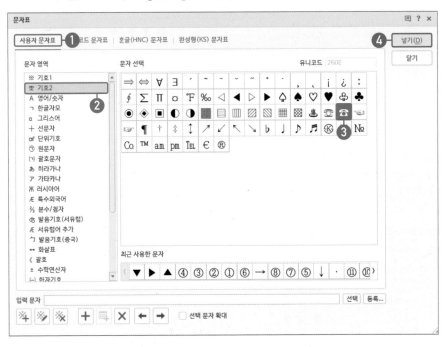

04 '☎' 뒤에서 Space Bar 키를 눌러 한 칸 띄고 [도구] 탭의 ▾를 클릭한 후 [메일 머지(✉)]–[메일 머지 표시 달기]를 클릭합니다. [메일 머지 표시 달기] 대화상자에서 [필드 만들기] 탭을 클릭한 후 [필드 번호나 이름을 입력하세요.]에 '2'를 입력하고 [넣기] 버튼을 클릭합니다.

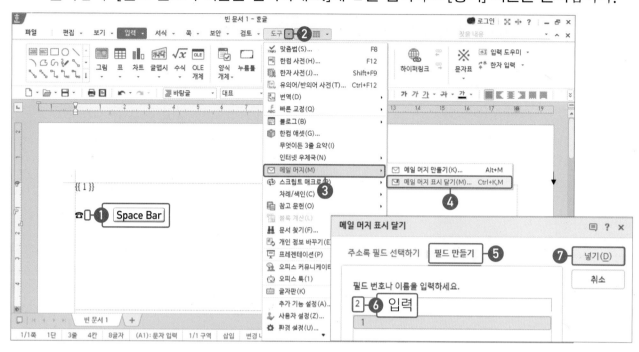

05 메일 머지 표시 {{2}}가 나타나면 Enter 키를 누르고 [입력] 탭–[문자표(✳)]–[문자표]를 클릭합니다. [문자표] 대화상자가 나타나면 [사용자 문자표] 탭에서 [문자 영역]의 '특수기호 및 딩뱃기호'를 클릭한 후 '✉'를 선택하고 [넣기] 버튼을 클릭합니다.

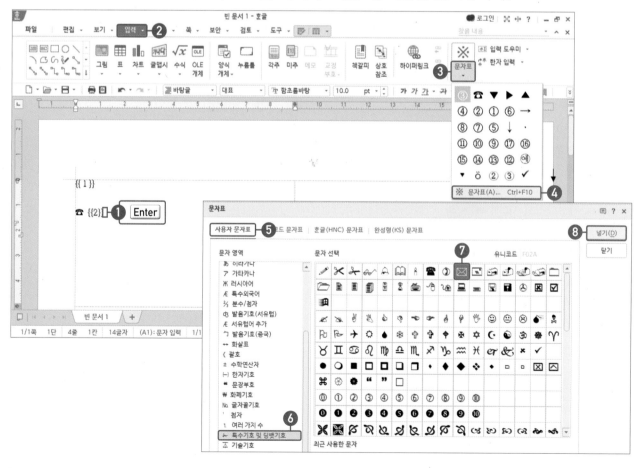

06 같은 방법으로 메일 머지 표시 {{3}}을 달아 줍니다.

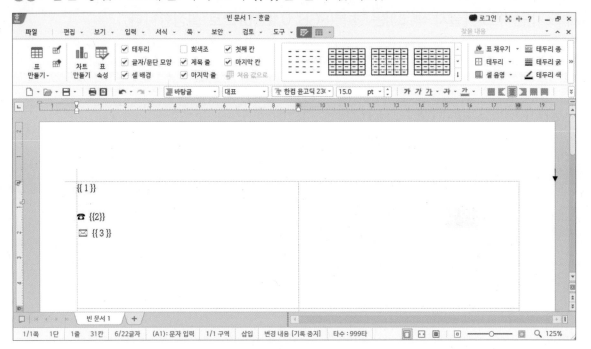

07 F5 키를 세 번 눌러 라벨 전체를 블록으로 지정한 후 서식 도구 상자에서 [가운데 정렬 (圭)]을 클릭합니다.

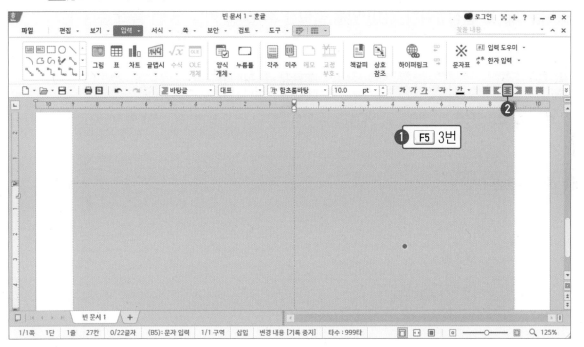

08 {{1}}을 드래그하여 블록으로 지정한 후 서식 도구 상자에서 [글꼴]은 '한컴 윤고딕 230', [글자 크기]는 '15pt', [글자 색(가)]은 '초록(RGB: 0,128,0)'으로 설정합니다.

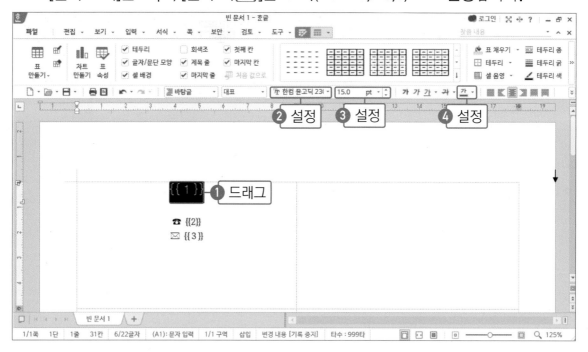

09 {{2}}, {{3}}을 드래그하여 블록으로 지정한 후 서식 도구 상자에서 [글꼴]은 '맑은 고딕', [글자 크기]는 '9pt'로 설정합니다. {{1}} 앞을 클릭한 후 Enter 키를 두 번 눌러 줍니다.

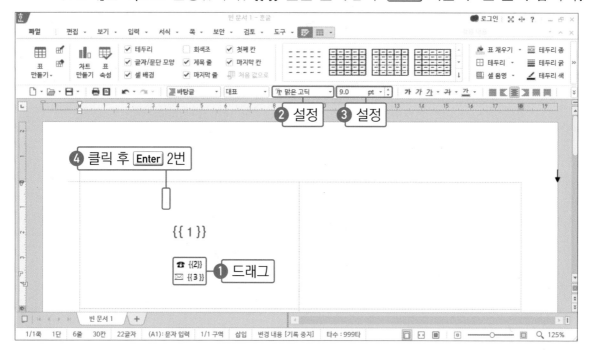

10 같은 방법으로 두 번째~열 번째 칸에 메일 머지 표시를 {{30}}까지 달아 줍니다.

11 [F5] 키를 세 번 눌러 표 전체를 블록으로 지정하고 [표 디자인(📝)] 탭–[표 채우기(🔲)]의 ▼를 클릭한 후 [다른 채우기]를 클릭합니다.

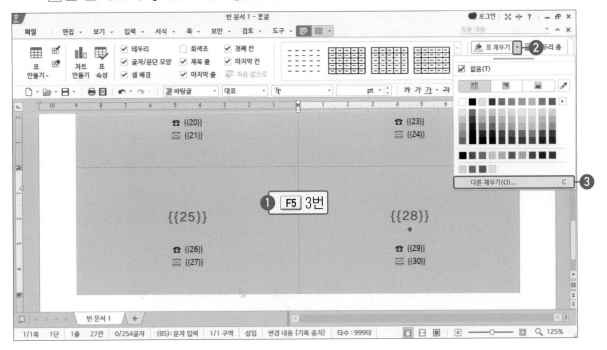

12 [셀 테두리/배경] 대화상자가 나타나면 [배경] 탭에서 '그림'에 체크한 후 [그림 선택(🖼)] 을 클릭합니다. [그림 넣기] 대화상자가 나타나면 '명함배경.jpg'를 찾아 선택하고 '문서에 포함'에 체크한 후 [열기] 버튼을 클릭합니다. [채우기 유형]은 '크기에 맞추어'로 설정하고 [설정] 버튼을 클릭합니다.

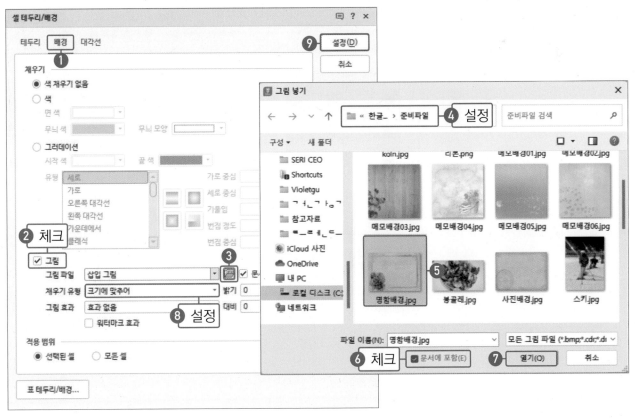

13 구분선을 표시하기 위해 [표 디자인(📝)] 탭-[테두리 색(✍)]의 ⏷를 클릭하여 '검정(RGB: 0,0,0)'으로 설정하고, [테두리(⊞)]의 ⏷를 클릭한 후 [모두(⊞)]를 클릭합니다.

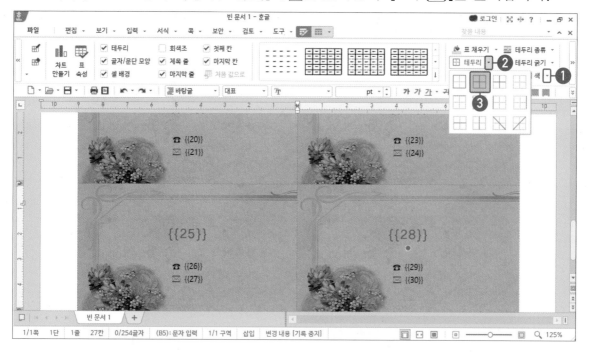

14 [쪽 맞춤(▣)]을 클릭해 명함 서식 파일 전체를 확인한 후 문서를 저장하기 위해 서식 도구 상자에서 [저장하기(💾)]를 클릭하고 파일 이름을 '명함집'으로 저장합니다.

▶ 데이터 파일 만들기

01 새 문서를 만들기 위해 서식 도구 상자에서 [새 문서(🗋)]를 클릭합니다.

02 '이름', '전화번호', '이메일 주소' 세 가지를 입력할 것이기 때문에 첫 줄에 '3'을 입력한 후 정보를 차례대로 입력합니다.

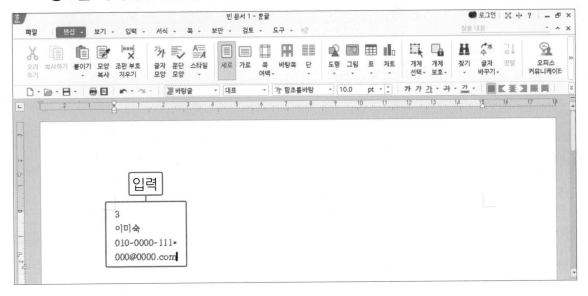

03 총 열 명의 정보를 입력하고 서식 도구 상자에서 [저장하기(💾)]를 클릭한 후 파일 이름을 '데이터'로 저장합니다.

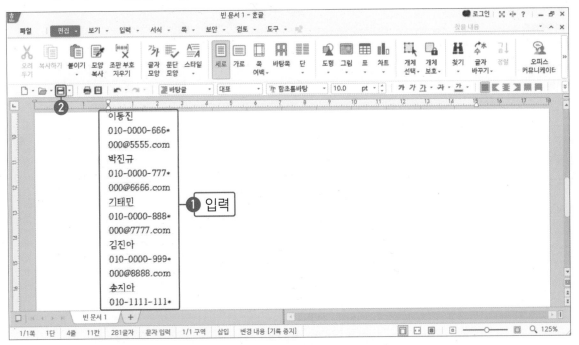

▶ 메일 머지 만들기

01 메일 머지를 만들기 위해 다시 '명함집.hwp' 파일을 실행합니다. [도구] 탭의 ▼를 클릭한 후 [메일 머지(✉)]–[메일 머지 만들기]를 클릭합니다.

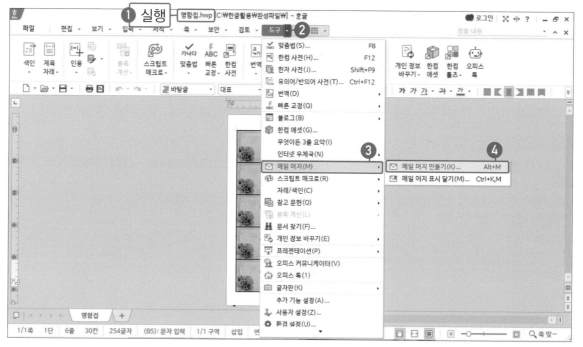

02 [메일 머지 만들기] 대화상자에서 [자료 종류]는 '한글 파일'을 선택하고 [파일 선택(📂)]을 클릭합니다. [한글 파일 불러오기] 대화상자에서 '데이터.hwp'를 선택하고 [열기] 버튼을 클릭합니다.

03 메일 머지의 결과를 파일로 저장하기 위해 [출력 방향]에서 '파일'을 선택하고 [파일 선택 (📁)]을 클릭합니다. [한글 파일 저장하기] 대화상자가 나타나면 [저장 위치]를 설정하고 파일 이름 입력란에 '명함집완성'을 입력한 후 [저장] 버튼을 클릭합니다. [메일 머지 만들기] 대화상자의 [만들기] 버튼을 클릭합니다.

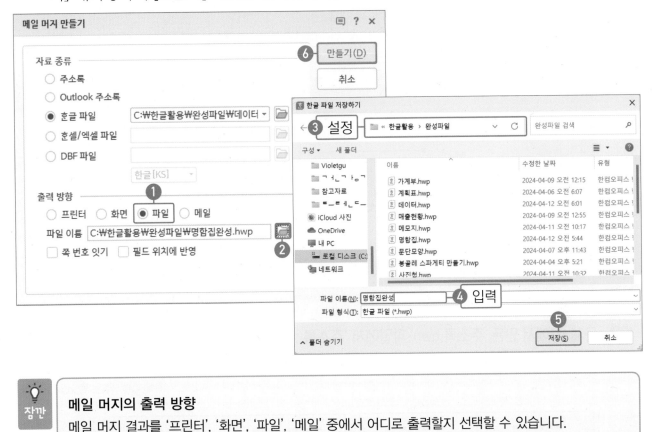

> **잠깐**
>
> **메일 머지의 출력 방향**
> 메일 머지 결과를 '프린터', '화면', '파일', '메일' 중에서 어디로 출력할지 선택할 수 있습니다.

04 '명함집완성.hwp'를 실행하면 서식 파일(명함집.hwp)에 데이터 파일(데이터.hwp)이 결합된 메일 머지 파일을 확인할 수 있습니다.

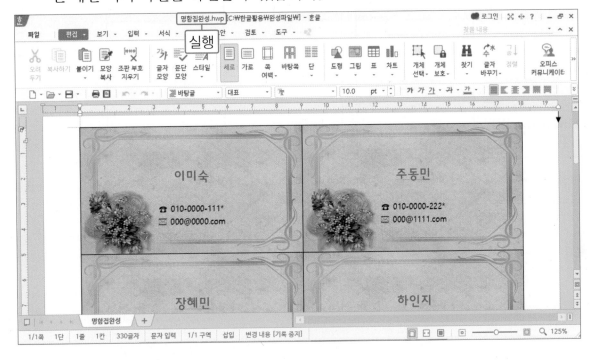

01 메일 머지에 사용할 서식 파일을 다음과 같이 만들어 '주소록.hwp'로 저장해 봅니다.

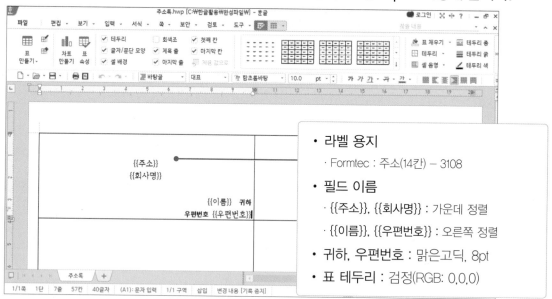

- **라벨 용지**
  - Formtec : 주소(14칸) – 3108
- **필드 이름**
  - {{주소}}, {{회사명}} : 가운데 정렬
  - {{이름}}, {{우편번호}} : 오른쪽 정렬
- **귀하, 우편번호** : 맑은고딕, 8pt
- **표 테두리** : 검정(RGB: 0,0,0)

02 문제 **01**에서 만든 '주소록.hwp' 파일에서 '주소록.xlsx' 파일을 불러오고 출력 방향을 '파일'로 선택해 '주소록완성.hwp'로 저장해 봅니다.

준비파일 주소록.xlsx

[메일 머지 만들기] 대화상자에서 [자료 종류]를 '흔셀/엑셀 파일'로 선택한 후 [시트 선택] 창에서 'Sheet1'을 선택하고 [주소록 레코드 선택] 창에서 주소가 모두 선택된 상태로 진행합니다.

03 메일 머지에서 사용할 서식 파일을 다음과 같이 만들어 '이름표.hwp'로 저장해 봅니다.

준비파일 이름표배경.png

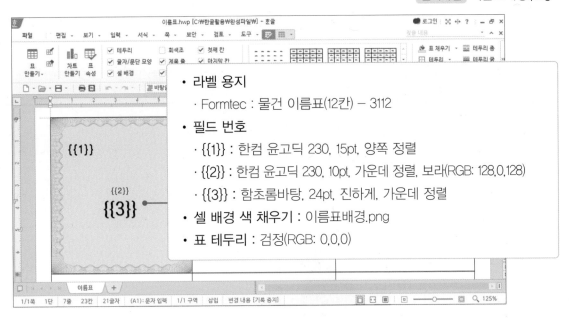

- 라벨 용지
  - Formtec : 물건 이름표(12칸) – 3112
- 필드 번호
  - {{1}} : 한컴 윤고딕 230, 15pt, 양쪽 정렬
  - {{2}} : 한컴 윤고딕 230, 10pt, 가운데 정렬, 보라(RGB: 128,0,128)
  - {{3}} : 함초롬바탕, 24pt, 진하게, 가운데 정렬
- 셀 배경 색 채우기 : 이름표배경.png
- 표 테두리 : 검정(RGB: 0,0,0)

04 총 열두 명의 '부서', '기수', '이름'을 입력한 데이터 파일을 만들어 '이름표데이터.hwp'로 저장합니다. 그리고 문제 **03**에서 만든 '이름표.hwp' 파일에서 메일 머지를 완성해 '이름표완성.hwp'로 저장해 봅니다.

총무부	영업부	기획부
23기 신이수	2D기 주영수	21기 김진영
총무부	영업부	디자인부
21기 진서온	2D기 홍민서	24기 김이서
마케팅부	홍보부	영업부
2D기 이진수	21기 송이라	23기 조수아
디자인부	홍보부	기획부
22기 이상수	19기 구도회	24기 주영아

09 저금통 전개도 만들기

- 직선으로 대각선 그리기
- 도형을 그림으로 채우기
- 글 뒤로 배치하기
- 글맵시 만들기

미/리/보/기

■ 준비파일 : 저금통01.png, 저금통02.png
■ 완성파일 : 저금통.hwp

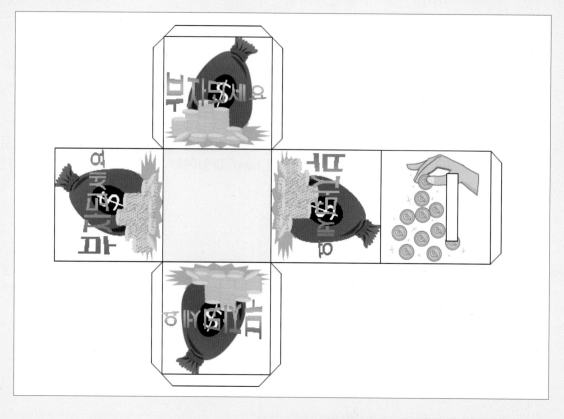

이번 장에서는 글맵시 기능에 대해 알아보고 도형을 활용해 저금통의 전개도를 만들어 보

겠습니다. 도형 안에 그림을 넣는 방법과 글맵시를 이용해 글자를 예쁘게 꾸미는 방법도

함께 알아봅니다.

글맵시에 대해 알아보기

▶ 글맵시

글맵시는 글자를 구부리거나 회전하는 등 글자 모양을 자유롭게 꾸밀 때 사용하는 기능입니다. 글맵시를 이용해 재미있는 글자 모양을 만들 수 있으며 보고서나 전단지를 만들 때 글맵시를 사용하면 주목성을 높일 수 있습니다.

▶ 글맵시 만들기

[입력] 탭–[글맵시(㉾)]를 클릭합니다. [글맵시 만들기] 대화상자의 내용 입력란에 글을 입력하고 [글맵시 모양], [글꼴] 등을 설정한 후 [설정] 버튼을 클릭하면 설정한 대로 글맵시가 만들어 집니다.

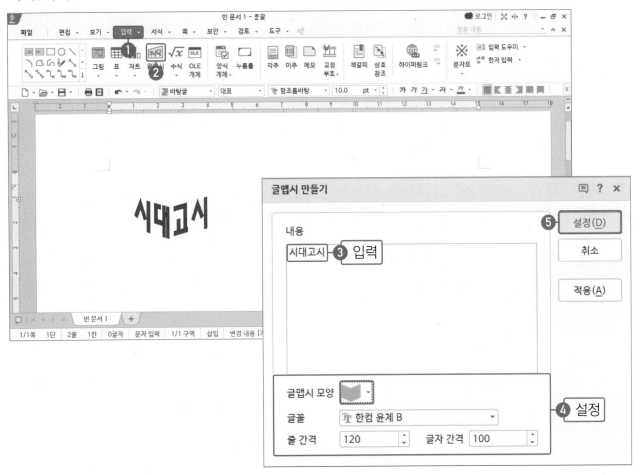

▶ [글맵시] 탭

[글맵시(⬛)] 탭에서 글맵시 만들기, 글맵시 모양, 글맵시 그림자 이동 등 글맵시를 편집할 수 있습니다.

① **글맵시 만들기** : 원하는 글맵시를 선택하여 삽입하거나 직접 글맵시를 만들 수 있습니다.

② **내용 편집** : 선택한 글맵시의 내용을 수정합니다.

③ **개체 선택** : 개체를 선택할 때 사용합니다.

④ **글맵시 속성** : 글맵시의 속성을 변경할 수 있도록 [개체 속성] 대화상자를 불러옵니다.

⑤ **스타일** : 다양한 스타일의 글맵시를 제공합니다.

⑥ **글맵시 윤곽선** : 글맵시의 테두리 색을 설정합니다.

⑦ **글맵시 채우기** : 글맵시의 글자 색을 설정합니다.

⑧ **음영** : 글맵시의 음영을 설정합니다.

⑨ **글맵시 모양** : 다양한 종류의 글맵시 모양을 제공합니다.

⑩ **문단 정렬** : 글맵시의 문단 정렬 방식을 설정합니다.

⑪ **그림자 모양** : 글맵시에 그림자를 적용하거나 제거할 수 있습니다.

⑫ **글맵시 그림자 이동** : 선택한 화살표 방향으로 글맵시의 그림자를 2%씩 이동합니다.

⑬ **크기** : 글맵시의 너비와 높이를 지정합니다. 두 개 이상의 글맵시를 선택해 너비와 높이를 동일하게 설정할 수 있습니다.

▶ 사용할 도구 알아보기

도구	설명
가나다 (글맵시)	원하는 글맵시를 선택하여 삽입하거나 직접 글맵시를 만듭니다.

02 도형으로 저금통 전개도 만들기

▶ **격자 설정하기**

01 빈 문서의 편집 용지를 설정하기 위해 [쪽] 탭–[편집 용지(🖼)]를 클릭합니다.

02 [편집 용지] 대화상자의 [기본] 탭에서 [용지 방향]은 [가로(🖼)], [용지 여백]의 [위쪽]과 [아래쪽]은 '10mm', [왼쪽]과 [오른쪽]은 '20mm', [머리말]과 [꼬리말]은 '10mm'로 설정하고 [설정] 버튼을 클릭합니다.

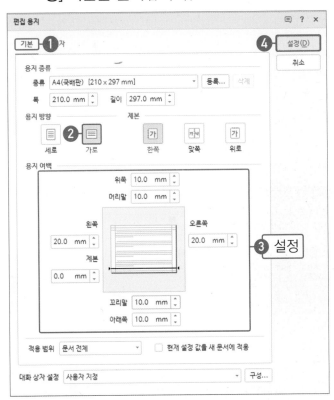

03 [보기] 탭–[격자(격자)]–[격자 설정]을 클릭합니다.

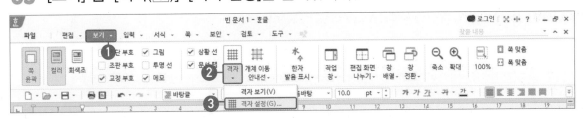

04 [격자 설정] 대화상자에서 [격자 보기]를 체크하고 [가로/세로선(▦)]을 선택합니다. [격자 방식]은 '격자에만 붙이기'로, [격자 간격]의 [가로]와 [세로]는 '10mm'로 설정하고 [설정] 버튼을 클릭합니다.

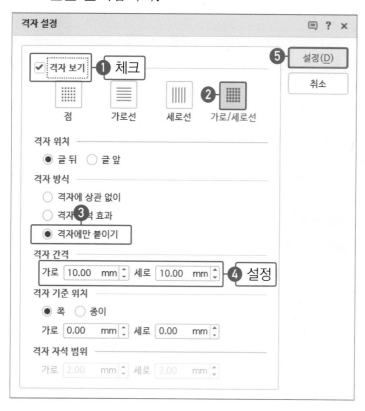

▶ 전개도 그리기

01 [입력] 탭에서 [직사각형(□)]을 클릭하고 대각선 방향으로 드래그하여 정사각형을 그립니다.

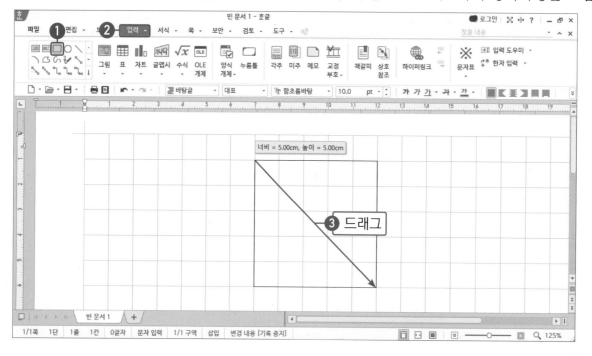

 격자에만 붙이기
격자를 설정할 때 '격자에만 붙이기'로 설정했기 때문에 격자에 맞춰 정사각형을 그릴 수 있습니다.

02 정사각형이 선택된 상태에서 [도형(📐)] 탭–[도형 채우기(🔷)]의 ▾를 클릭한 후 [없음]을 클릭합니다.

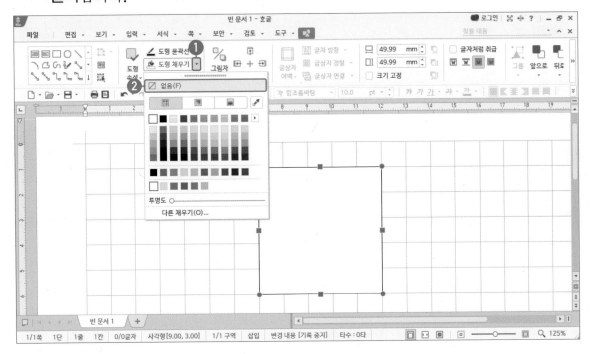

03 [보기] 탭에서 [쪽 맞춤(🔲)]을 선택한 후 다음과 같이 다섯 개의 정사각형을 그려 줍니다.

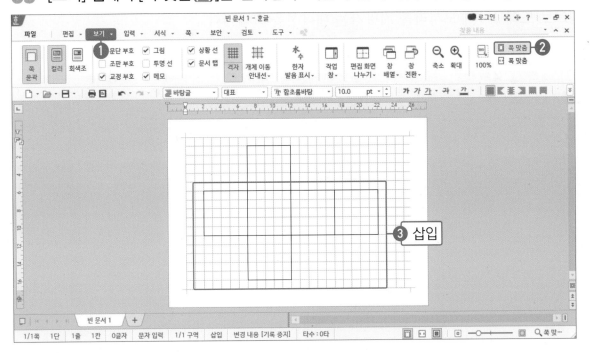

04 풀칠할 면을 그리기 위해 [보기] 탭-[격자(격자)]의 [격자 설정]을 클릭한 후 [격자 설정] 대화상자에서 [격자 간격]의 [가로]와 [세로]를 '5mm'로 설정하고 [설정] 버튼을 클릭합니다.

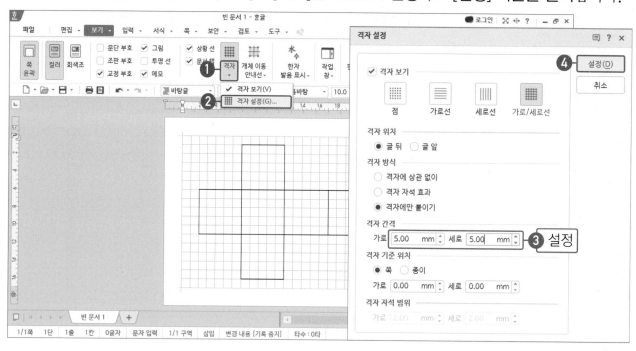

05 화면의 [확대/축소]는 [125%]로 설정합니다. [입력] 탭에서 [직선(╲)]을 클릭한 후 대각선 방향으로 드래그하여 모서리를 지나가는 대각선을 그립니다.

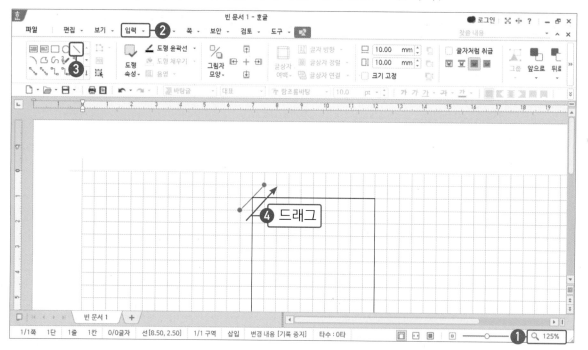

06 [직선(◣)]을 클릭하고 대각선 끝에서부터 드래그하여 가로선을 그린 후 다시 [직선(◣)]을 클릭해 드래그하여 정사각형의 오른쪽 모서리를 지나는 대각선을 그립니다.

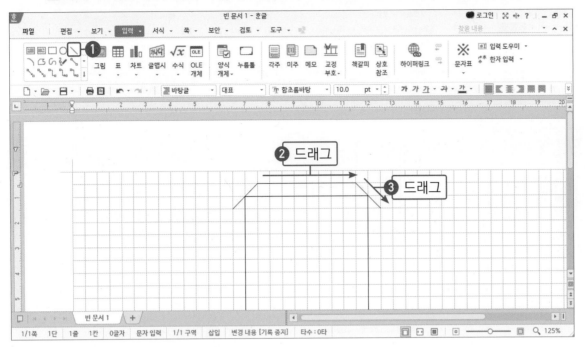

07 같은 방법으로 정사각형의 왼쪽과 오른쪽에 풀칠하는 면을 각각 그려 줍니다.

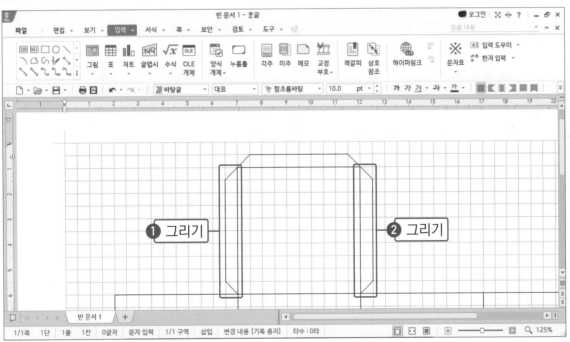

08 아래쪽 정사각형과 오른쪽 정사각형에도 다음과 같이 풀칠하는 면을 그려 줍니다. [쪽 맞춤(▣)]을 클릭해 전개도를 확인합니다.

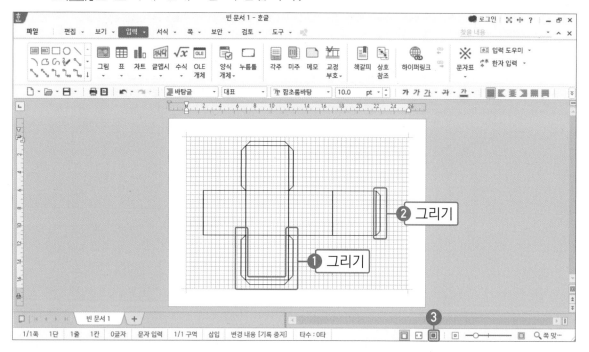

09 [입력] 탭–[직사각형(□)]을 선택한 후 가장 오른쪽 정사각형 위에 드래그하여 직사각형을 그립니다. 동전이 들어갈 정도의 적당한 크기로 그립니다.

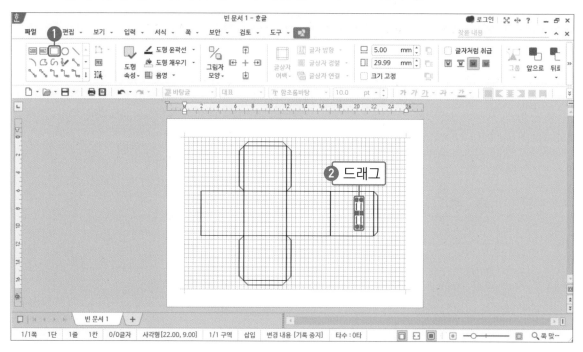

▶ 배경 채우기

01 가운데의 정사각형을 선택한 후 [도형(🖼)] 탭-[도형 채우기(🖌)]의 ⏷를 클릭해 '하양(RGB: 255,255,255) 5% 어둡게'를 선택합니다.

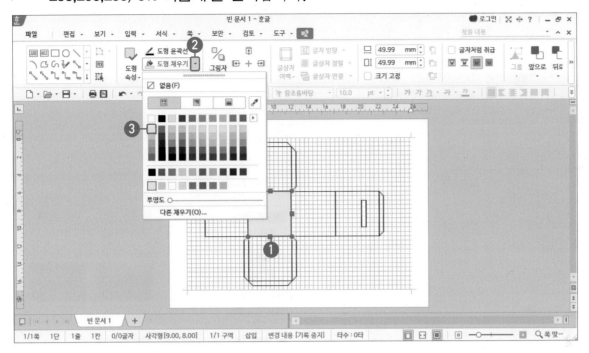

02 Esc 키를 눌러 선택을 해제한 후 옆면의 정사각형 네 개를 Shift 키를 누른 채 클릭하고 [도형(🖼)] 탭-[도형 속성(🔲)]을 선택합니다.

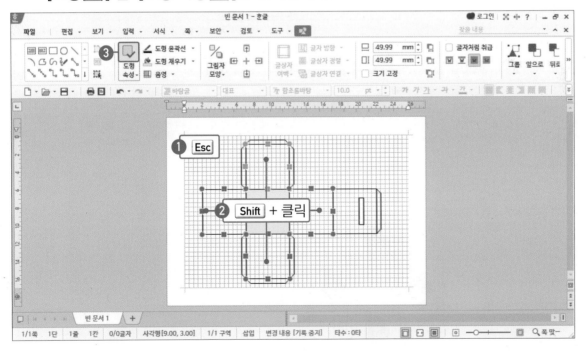

03 [개체 속성] 대화상자가 나타나면 [채우기] 탭에서 '그림'에 체크한 후 [그림 선택(▣)]을 클릭합니다. [그림 넣기] 대화상자에서 '저금통01.png'를 선택한 후 '문서에 포함'에 체크하고 [열기] 버튼을 클릭합니다. [개체 속성] 대화상자로 돌아와 [채우기 유형]을 '크기에 맞추어'로 설정한 후 [설정] 버튼을 클릭합니다.

04 옆면의 네 개의 정사각형에 '저금통01.png' 그림이 채워졌습니다.

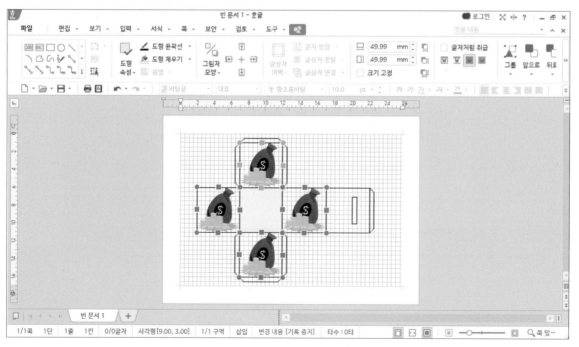

05 Esc 키를 눌러 선택을 해제한 후 왼쪽 정사각형을 클릭합니다. [도형( )] 탭–[회전( )]–
[왼쪽으로 90도 회전]을 클릭해 저금통을 접었을 때의 방향을 생각하며 그림을 회전합
니다.

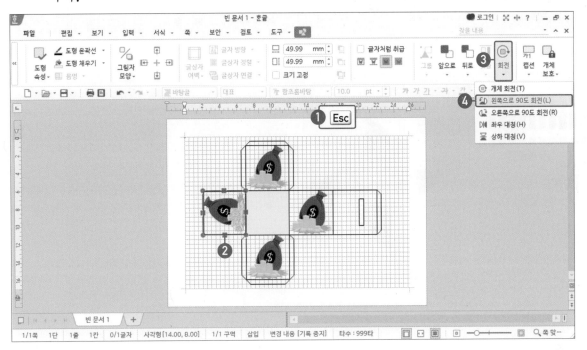

06 같은 방법으로 오른쪽 정사각형을 [오른쪽으로 90도 회전]으로 설정하고, 아래쪽 정사각형
은 [오른쪽으로 90도 회전]을 두 번 실행합니다.

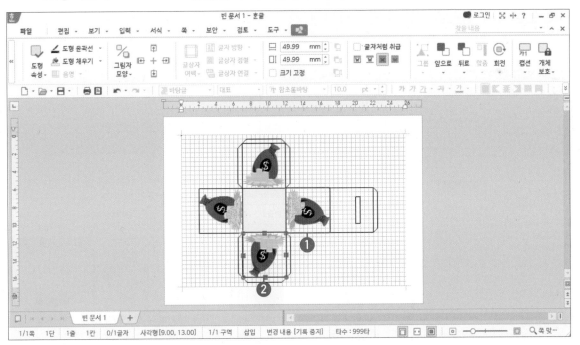

07 가장 오른쪽의 정사각형을 선택한 후 [도형(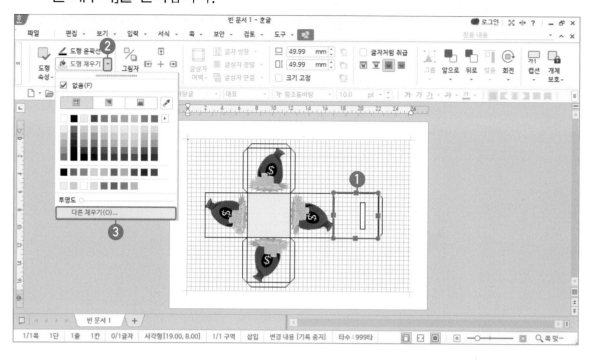)] 탭–[도형 채우기()]의 ▼를 클릭하고 [다른 채우기]를 선택합니다.

08 [개체 속성] 대화상자가 나타나면 [채우기] 탭에서 '그림'에 체크한 후 [그림 선택(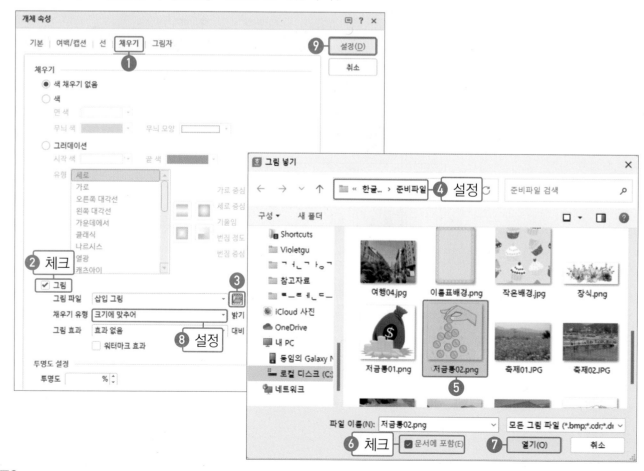)]을 클릭합니다. [그림 넣기] 대화상자에서 '저금통02.png'를 선택한 후 '문서에 포함'에 체크하고 [열기] 버튼을 클릭합니다. [개체 속성] 대화상자로 돌아와 [채우기 유형]을 '크기에 맞추어'로 설정한 후 [설정] 버튼을 클릭합니다.

▶ 글맵시 만들기

01 [입력] 탭–[글맵시(⬚)]를 선택합니다.

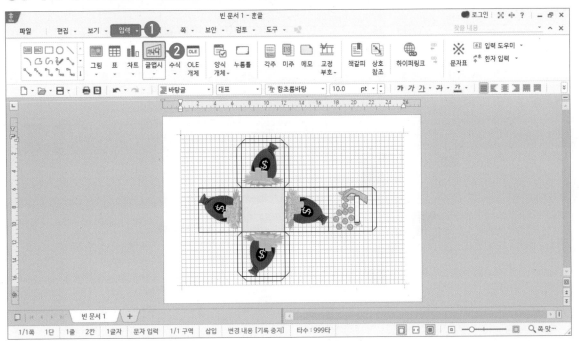

02 [글맵시 만들기] 대화상자에서 내용 입력란에 '부자되세요'를 입력한 후 [글맵시 모양]은 '왼쪽으로 팽창(▶)', [글꼴]은 '양재튼튼체B'로 설정하고 [설정] 버튼을 클릭합니다.

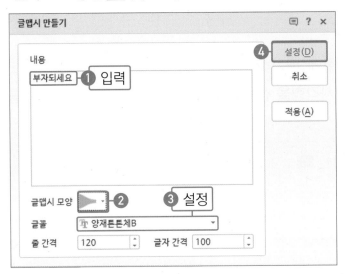

03 글맵시가 삽입되면 [글맵시(█)] 탭-[글맵시 속성(█)]을 클릭합니다. [개체 속성] 대화상자의 [채우기] 탭에서 '그러데이션'을 선택한 후 [유형]을 '열광'으로 선택하고 [설정] 버튼을 클릭합니다.

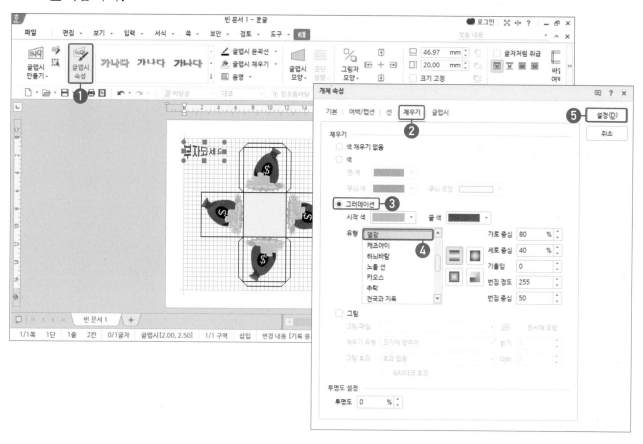

04 글맵시를 드래그해 윗면의 정사각형에 배치하고 정사각형 크기에 맞게 글맵시의 **크기를 조절**합니다. 글맵시가 보이도록 정사각형을 선택한 후 [도형(█)] 탭-[글 뒤로(█)]를 클릭합니다.

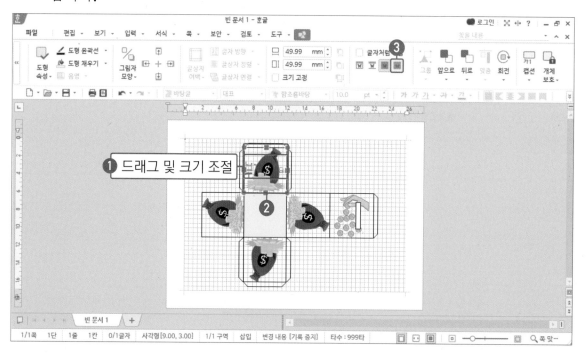

05 Ctrl 키를 누른 채 글맵시를 드래그하여 복사한 후 왼쪽 정사각형의 그림 방향에 맞춰 [글맵시(🄰)] 탭-[회전(🔄)]-[왼쪽으로 90도 회전]을 클릭합니다.

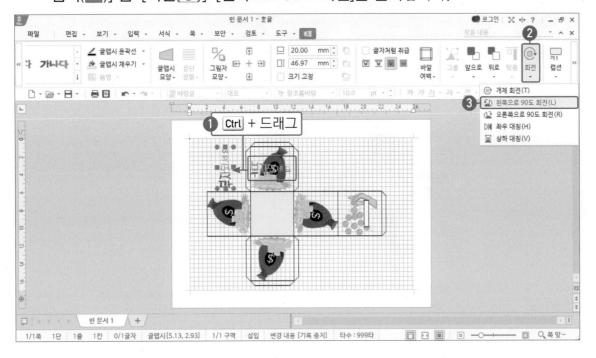

06 회전한 글맵시를 드래그해 왼쪽 정사각형에 배치하고 왼쪽 정사각형을 선택한 후 [도형(🖼)] 탭-[글 뒤로(🔳)]를 클릭합니다.

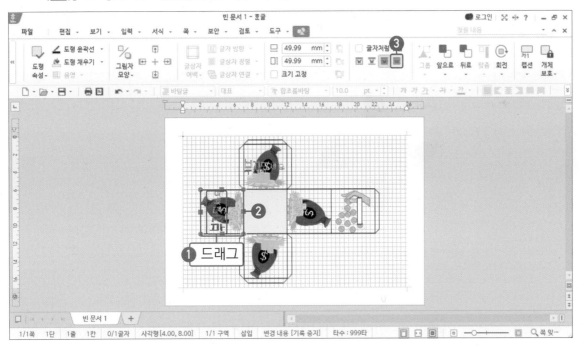

07 같은 방법으로 다른 옆면의 정사각형에도 글맵시를 복사하여 배치해 봅니다.

08 [보기] 탭-[격자(⊞)]를 클릭하여 격자를 숨깁니다.

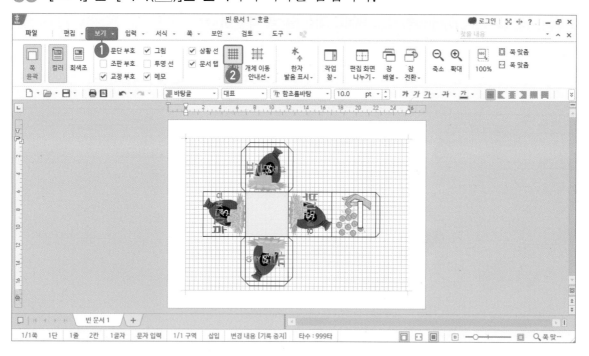

09 서식 도구 상자에서 [저장하기(🖫)]를 클릭해 파일 이름을 '저금통'으로 저장합니다.

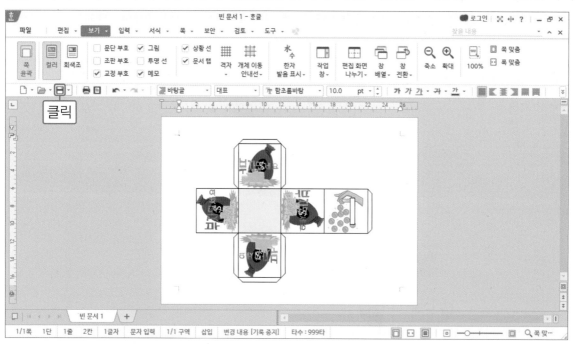

10 '저금통.hwp' 문서를 인쇄한 후 선대로 자르고 풀칠하면 저금통을 완성할 수 있습니다.

01 다음과 같이 주사위 전개도를 만들고 '주사위 전개도'라는 글맵시를 삽입해 봅니다.

- 정육면체 한 면 : 5cm 정사각형
- 풀칠하는 면 : 다각형(⬠), 무늬 모양 – 하향 대각선
- 글맵시 스타일 : 채우기 – 밤색 그러데이션, 연황토색 그림자, 아래로 넓은 원통 모양
- 글맵시 글꼴 : HY동녘 B

 다각형을 그릴 때는 꼭짓점 부분에서 클릭해야 합니다. 만약 삼각형을 그리고 싶다면 [입력] 탭–[다각형(⬠)]을 선택하고 시작점을 클릭합니다. 마우스를 이동하여 선을 그리고 꼭짓점 부분에서 클릭한 후 다시 마우스를 이동하여 삼각형 모양을 그리고 꼭짓점 부분에서 클릭합니다. 마지막으로 시작점을 클릭하면 삼각형이 완성됩니다.

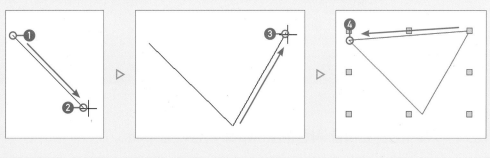

02 문제 **01**에서 만든 문서를 '주사위.hwp'로 저장해 봅니다.

03 다음과 같이 도형을 그린 후 사진을 삽입해 꾸며 봅니다.

준비파일 스키.jpg, 사진배경.jpg

- **편집 용지** : 용지 종류 – A5(국판), 용지 방향 – 가로
  · 용지 여백 : 위쪽, 아래쪽 – 15mm, 왼쪽, 오른쪽 – 20mm, 머리말, 꼬리말 – 0mm
- **둥근 직사각형** : 도형 윤곽선 – 남색(RGB: 58,60,132)
  사각형 모서리 곡률 – 둥근 모양
  도형 채우기 – 스키.jpg
- **직사각형** : 도형 윤곽선 – 남색(RGB: 58,60,132), 선 종류 – 점선
- **다각형** : 도형 윤곽선 – 없음
  도형 채우기 – 연한 노랑(RGB: 250,243,219) 25% 어둡게
- **글맵시** : 스타일 – 진초록색 그러데이션, 회색 그림자, 위로 계단식 모양
  글꼴 – 한컴 쿨재즈 B
- **쪽 테두리/배경** : 사진배경.jpg

04 문제 **03**에서 만든 문서를 '사진앨범.hwp'로 저장해 봅니다.

10 신문 만들기

- 스크린 샷 넣기
- 머리말 넣기
- 문단 첫 글자 장식하기

미/리/보/기

준비파일 : 신문기사.hwp, 축제01.jpg~축제05.jpg
완성파일 : 여행일보.hwp

이번 장에서는 스크린 샷에 대해 알아보고 신문을 만들어 보겠습니다. 신문을 만들며 다단 설정 나누기와 머리말, 쪽 번호 매기기에 대해 자세히 알아보고 컴퓨터 화면을 캡처해 한글 문서에 삽입하는 방법도 배워 봅니다.

01 스크린 샷에 대해 알아보기

▶ 스크린 샷이란?

스크린 샷(Screen Shot, 규범 표기는 '스크린 숏')이란 컴퓨터 화면에 보이는 그대로를 찍어 그래픽 파일로 저장하는 것을 말합니다.

▶ 스크린 샷으로 화면 캡처하기

캡처할 화면을 배경 화면에 띄워 놓고 [입력] 탭-[그림(그림)]-[스크린 샷]을 클릭한 후 삽입할 스크린 샷을 선택하면 한글 편집 창에 삽입됩니다. 삽입된 그림의 크기 조절점을 조절하여 배치합니다.

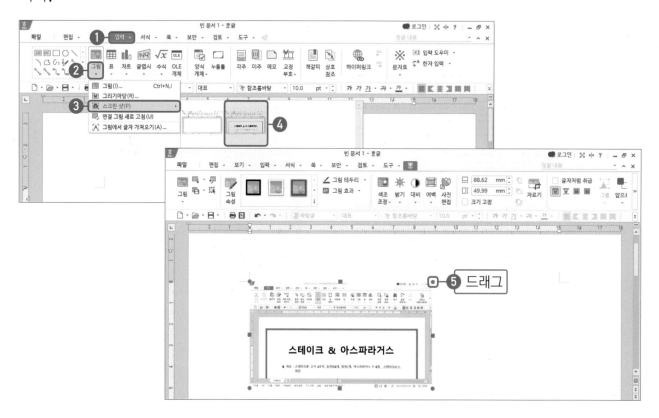

원하는 일부분만 캡처하기
캡처할 화면을 배경 화면에 띄워 놓고 [입력] 탭-[그림(그림)]-[스크린 샷]-[화면 캡처]를 차례대로 클릭한 후 미리 띄워 놓은 화면에서 원하는 부분만 드래그하면 바로 한글의 편집 창에 삽입됩니다.

도구	설명
▦ (다단 설정 나누기)	한 쪽에 여러 개의 단 모양을 만듭니다.
▤ (머리말)	머리말을 지정합니다.
▢ (쪽 번호 매기기)	쪽 번호를 삽입합니다.

02 신문 형식 문서 만들기

▶ 다단 만들기

01 준비파일을 불러오기 위해 서
식 도구 상자에서 [불러오기
(📁)]를 클릭합니다. [불러오
기] 대화상자에서 파일의 경로
를 설정한 후 '신문기사.hwp'
를 선택하고 [열기] 버튼을 클
릭합니다.

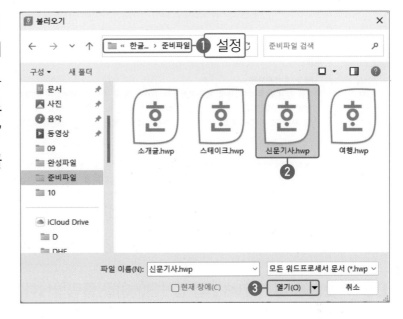

02 [쪽] 탭–[편집 용지(📄)]를 클릭합니다.

03 [편집 용지] 대화상자의 [기본] 탭에서
[용지 여백]의 [위쪽], [왼쪽], [오른쪽]은
'20mm', [아래쪽]은 '10mm', [머리말]은
'35mm', [꼬리말]은 '15mm'로 설정하고
[설정] 버튼을 클릭합니다.

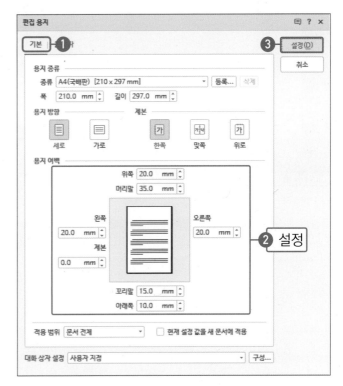

04 가장 첫 문장의 앞을 클릭하고 [쪽] 탭–[단(![단])]–[둘]을 클릭합니다.

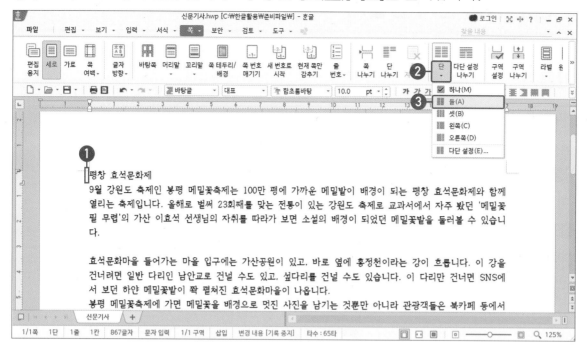

05 구분선을 넣기 위해 [쪽] 탭–[단(![단])]을 클릭합니다. [단 설정] 대화상자에서 '구분선 넣기'
에 체크한 후 [종류]는 '점선'으로 설정하고 [설정] 버튼을 클릭합니다.

06 Ctrl + A 키를 눌러 글 전체를 블록으로 지정한 후 서식 도구 상자에서 [글꼴]을 '신명 신문명조'로 설정합니다. Esc 키를 눌러 블록을 해제합니다.

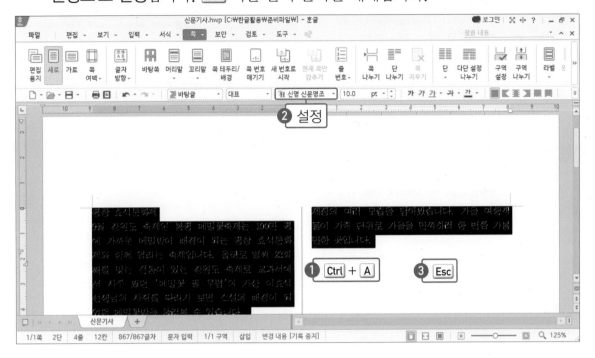

07 '다음은'으로 시작하는 문단 앞을 클릭하고 그림을 삽입하기 위해 [입력] 탭-[그림(그림)]-[그림]을 클릭합니다. [그림 넣기] 대화상자가 나타나면 '축제01.jpg'를 선택한 후 '문서에 포함', '글자처럼 취급'에 체크하고 [열기] 버튼을 클릭합니다.

08 다시 하나의 단으로 변경하기 위해 '다음은' 앞을 클릭하고 [쪽] 탭–[다단 설정 나누기(▤)] 를 클릭한 후 [단(▯)]–[하나]를 클릭합니다.

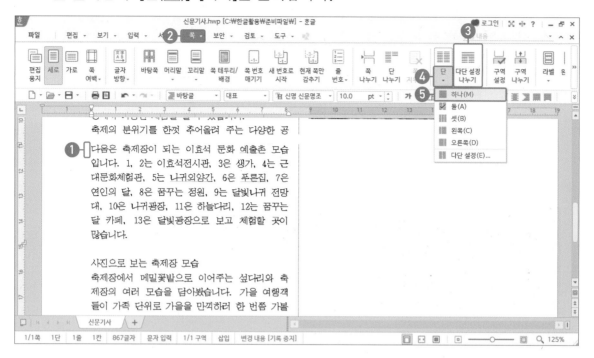

09 두 개의 단과 하나의 단 모양으로 구성되었습니다.

▶ 스크린 샷 넣기

01 마이크로소프트 엣지()를 실행한 후 네이버(www.naver.com)에 접속합니다. 검색어 입력란에 '이효석문학관'을 입력한 후 🔍를 클릭하여 검색하고 URL을 클릭합니다.

02 상단 메뉴의 [공간구성]-[효석달빛언덕]을 클릭하여 전시관안내 페이지를 엽니다.

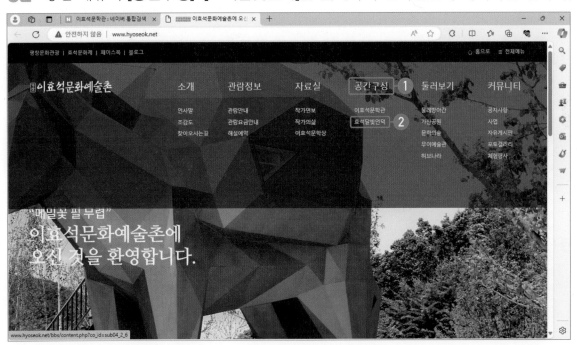

03 전시관안내 페이지의 지도를 캡처하기 위해 **스크롤을 아래로 드래그**하여 위치를 조정합니다.

04 한글 문서로 돌아와 '사진으로'로 시작하는 문단 위를 클릭합니다. [입력] 탭-[그림()]-[스크린 샷]을 클릭한 후 '글자처럼 취급'을 클릭하여 체크하고 [화면 캡처]를 클릭합니다.

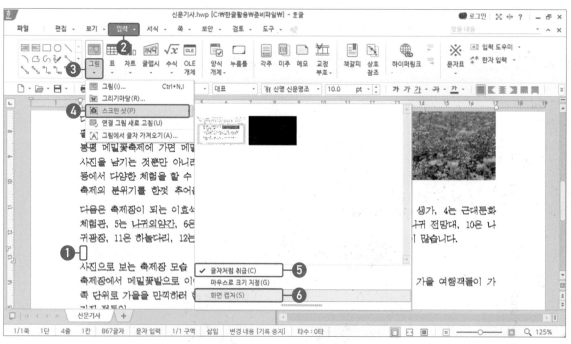

05 화면에 미리 열어놓은 웹 페이지로 이동하면 마우스로 원하는 **부분만 드래그**하여 선택한 후 손을 뗍니다.

06 드래그한 영역이 바로 신문기사 문서에 삽입됩니다. 삽입된 그림의 크기 조절점을 드래 그하여 1쪽 하단에 들어갈 수 있게 조절합니다.

▶ 문단 첫 글자 장식하기

01 기사 제목인 1쪽의 '평창 효석문화제'와 2쪽의 '사진으로 보는 축제장 모습'을 드래그한 후 [글자 크기]는 '13pt', [진하게(**가**)]로 설정합니다. 맨 아래에 본인의 이름을 입력하고 [오른쪽 정렬(**三**)]을 클릭합니다.

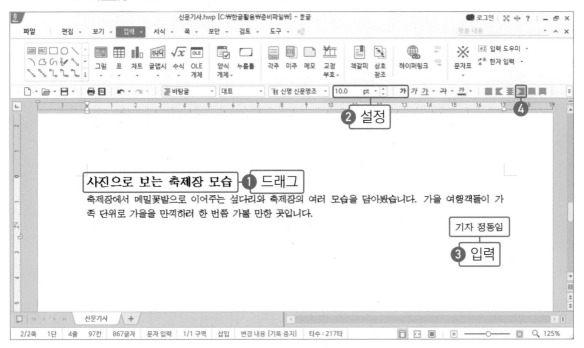

02 다시 단을 둘로 나누기 위해 '사진' 앞을 클릭하고 [쪽] 탭–[다단 설정 나누기(**≣**)]를 클릭한 후 [단(**≣**)]–[둘]을 클릭합니다.

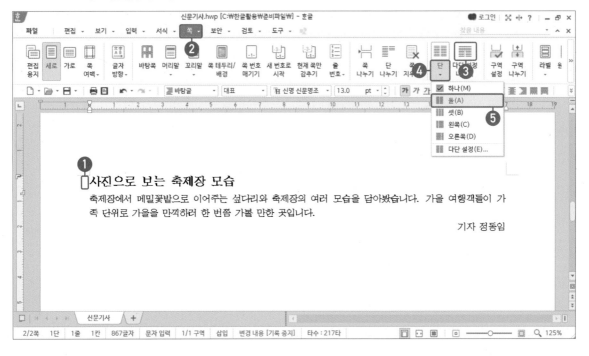

03 단을 설정하기 위해 [쪽] 탭–[단(▤)]을 클릭합니다. [단 설정] 대화상자에서 '**구분선 넣기**'에 체크하고 [종류]는 '**점선**'으로 설정한 후 [설정] 버튼을 클릭합니다.

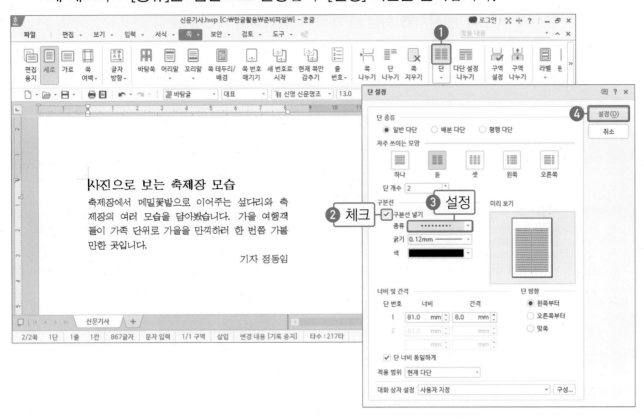

04 '곳입니다.' 뒤를 클릭하고 [서식] 탭의 ▾에서 [문단 첫 글자 장식]을 클릭합니다. [문단 첫 글자 장식] 대화상자가 나타나면 [모양]은 [2줄(▤)]로, [글꼴/테두리]에서 [선 종류]는 '실선', [면 색]은 '주황(RGB: 255,102,0)'으로 설정하고 [설정] 버튼을 클릭합니다.

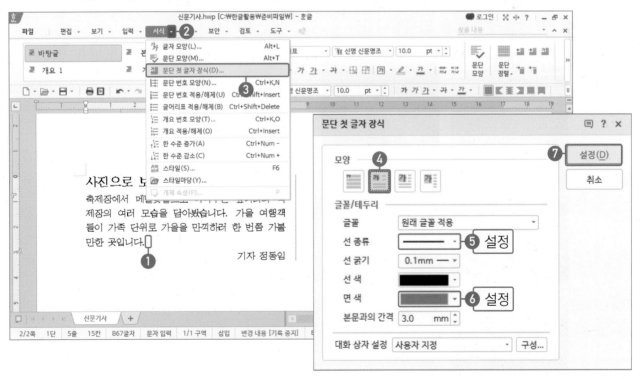

05 신문에 사진을 넣기 위해 '곳입니다.' 뒤를 클릭하고 [입력] 탭–[그림(🖼)]을 클릭합니다. [그림 넣기] 대화상자가 나타나면 '축제02.jpg~축제05.jpg' 파일을 Ctrl 키를 누른 채 클릭하고 '문서에 포함'과 '글자처럼 취급'을 체크한 후 [열기] 버튼을 클릭합니다.

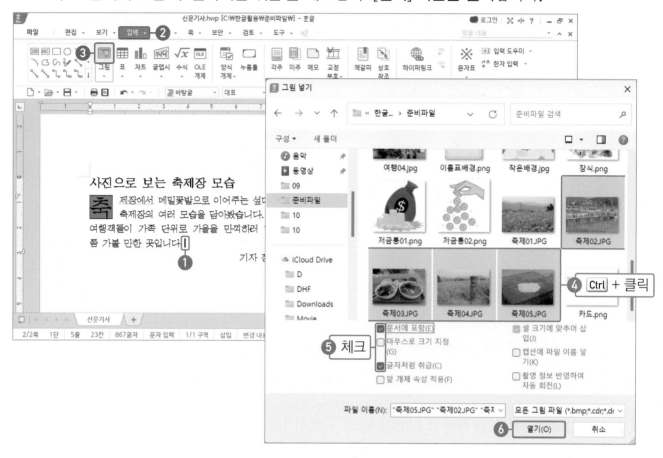

06 사진 아래 다음과 같이 '섶다리', '직접 면을 뽑아서 체험할 수 있는 메밀국수', '느린 우체통 체험', '떡 만들기 체험'을 입력합니다.

▶ 머리말 넣기

01 머리말을 작성하기 위해 1쪽의 '평창' 앞을 클릭하고 [쪽] 탭–[머리말(▤)]–[머리말/꼬리말] 을 클릭합니다. [머리말/꼬리말] 대화상자가 나타나면 [종류]는 '머리말', [위치]는 '양쪽'으로 선택하고 [만들기] 버튼을 클릭합니다.

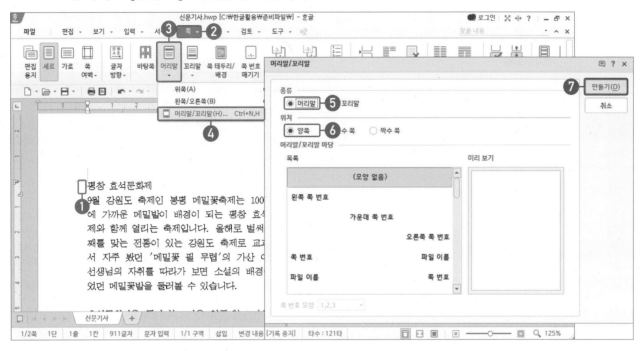

 잠깐

머리말과 꼬리말

머리말과 꼬리말은 문서의 윗부분이나 아랫부분에 동일한 형식의 내용이 반복적으로 표시되는 기능입니다. 머리말에는 보통 제목이나 글의 목적을, 꼬리말에는 쪽 번호 등을 입력합니다.

02 머리말 입력 화면이 나타나면 [편집] 탭–[표(▦)]를 클릭하고 표 상자에서 드래그하여 '1줄×3칸'으로 설정합니다.

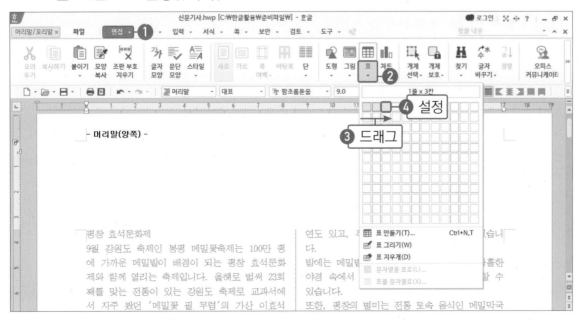

03 각 칸에 다음과 같이 입력한 후 '발행호' 앞을 클릭하고 [입력] 탭–[문자표( )]–[문자표]를 클릭합니다.

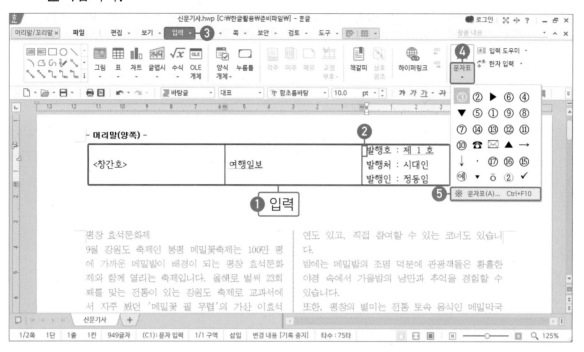

04 [문자표] 대화상자가 나타나면 [한글(HNC) 문자표] 탭의 [문자 영역]에서 '전각 기호(일반)'을 선택하고, [문자 선택]에서 '■'를 선택한 후 [넣기] 버튼을 클릭합니다.

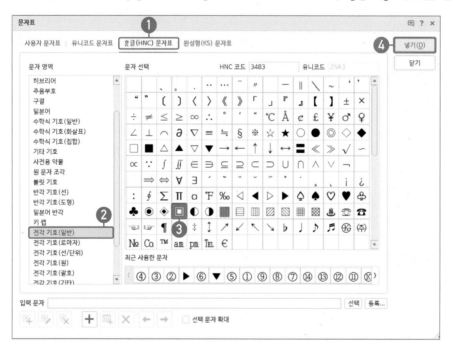

05 '■'가 입력되면 Space Bar 키를 눌러 간격을 벌린 후 '발행처'와 '발행인' 앞에도 '■'를 입력합니다. 첫 번째 칸과 두 번째 칸을 드래그하여 블록으로 지정한 후 [가운데 정렬(≡)]을 클릭합니다.

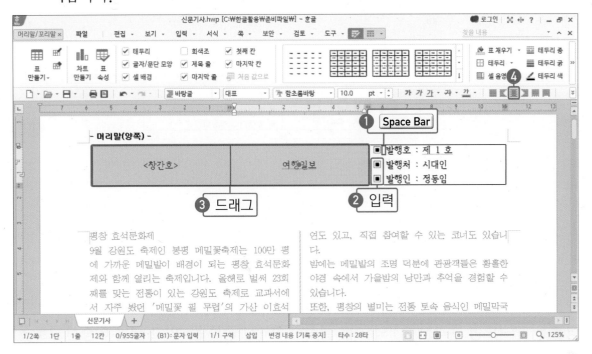

06 두 번째 칸을 클릭하여 블록으로 지정한 후 서식 도구 상자에서 [글꼴]은 '한컴 윤고딕 230', [글자 크기]는 '32pt'로 설정하고, [글자 색(가)]은 '남색(RGB: 58,60,132)'으로 설정합니다.

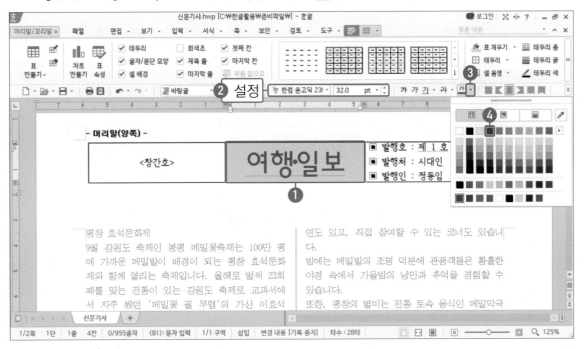

07 [입력] 탭에서 [직선(◻)]을 선택한 후 **표 아래에 드래그**하여 직선을 그립니다.

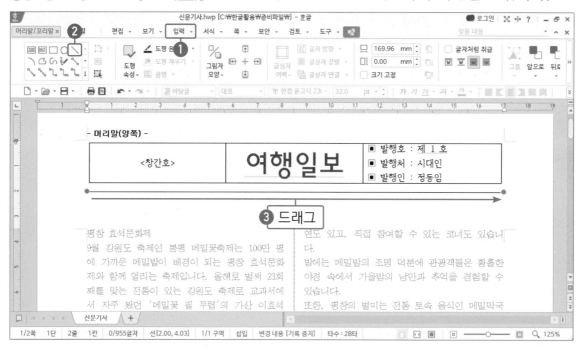

08 [도형(▦)] 탭–[도형 윤곽선(◿)]의 ▾를 클릭한 후 [선 종류]는 '얇고 굵은 이중선'으로 설정합니다.

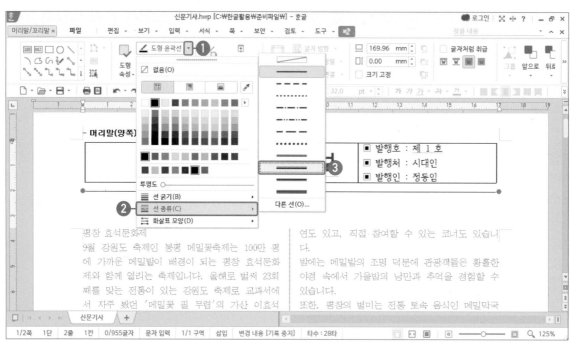

09 [입력] 탭에서 [가로 글상자(▦)]를 클릭하고 직선 아래에 드래그하여 그립니다. 서식 도구 상자에서 [글꼴]은 '맑은 고딕', [진하게(**가**)]로 설정한 후 왼쪽에 'NEWSPAPER'를 입력하고 오른쪽에는 발행 날짜를 입력합니다.

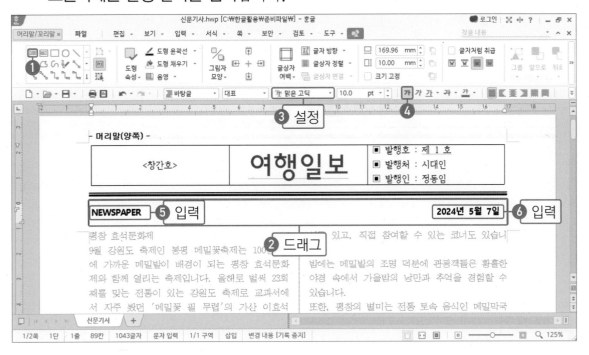

10 [도형(▨)] 탭-[도형 윤곽선(▱)]의 ▾를 클릭한 후 [없음]을 클릭하여 글상자의 선을 없애 줍니다.

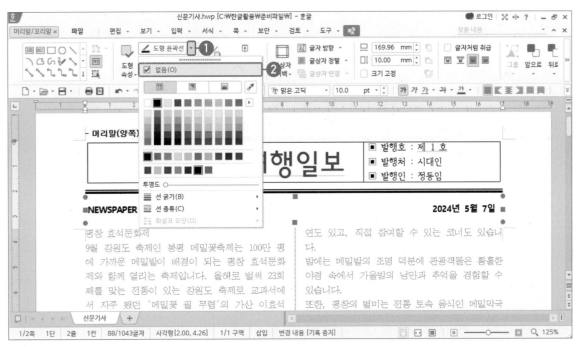

11 [머리말/꼬리말] 탭–[닫기( )]를 클릭하여 본문 편집 화면으로 돌아갑니다.

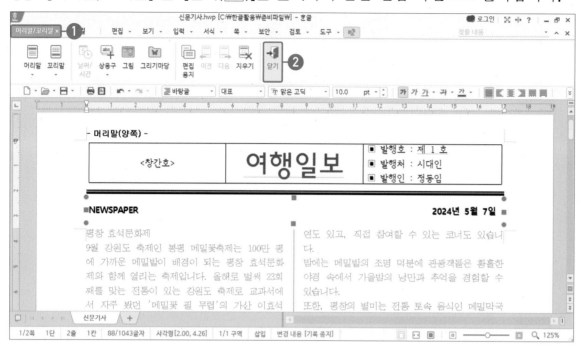

▶ 쪽 번호 매기기

01 쪽 번호를 매기기 위해 [쪽] 탭–[쪽 번호 매기기( )]를 클릭합니다.

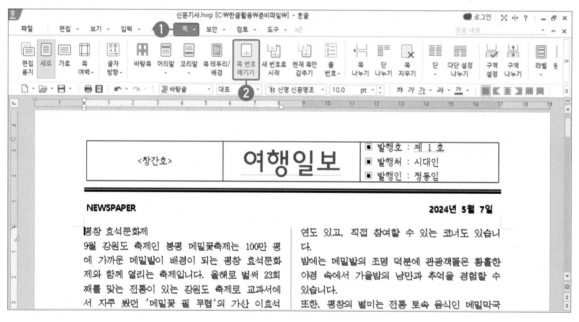

잠깐

현재 쪽만 감추기와 새 번호로 시작하기

- **현째 쪽만 감추기** : 현재 쪽의 번호를 감추고 싶다면 [쪽] 탭–[현재 쪽만 감추기( )]를 클릭하고 [감추기] 대화상자의 [감출 내용]에서 '쪽 번호'를 선택합니다.
- **새 번호로 시작하기** : 새 번호를 매기고 싶다면 먼저 앞쪽의 쪽 번호를 감추고 다음 쪽으로 넘어가 [쪽] 탭–[새 번호로 시작( )]을 클릭합니다. [새 번호로 시작] 대화상자의 [번호 종류]를 '쪽 번호'로 선택하고 시작 번호를 '1'로 설정합니다.

02 [번호 위치]에서 '가운데 아래쪽'을 선택하고 [번호 모양]은 '1, 2, 3'으로 설정, '줄표 넣기'에 체크한 후 [넣기] 버튼을 클릭합니다.

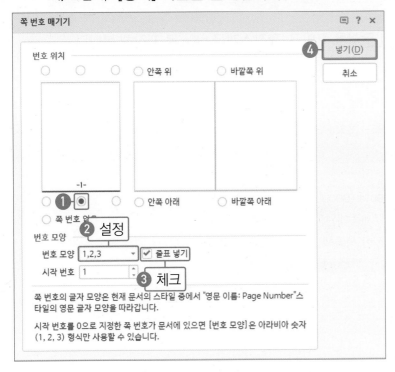

03 쪽 가운데 아래에 쪽 번호가 매겨졌습니다. 화면 하단의 [쪽 맞춤(⬜)]을 클릭하여 전체 머리말과 쪽 번호를 확인합니다.

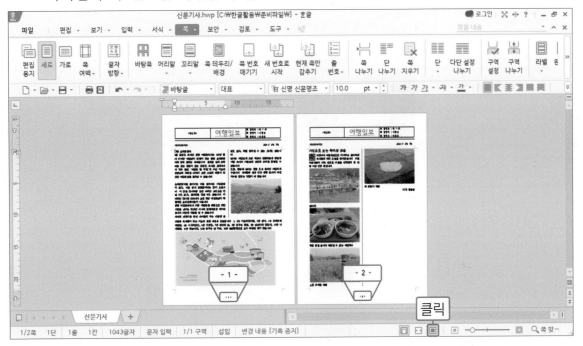

04 서식 도구 상자에서 [저장하기(🖫)]의 ▾를 클릭한 후 [다른 이름으로 저장하기]를 선택하고 파일 이름을 '여행일보'로 저장합니다.

01 '소개글.hwp'를 불러와 다음과 같이 문서를 꾸미고 '광장소개글.hwp'로 저장해 봅니다.

준비파일 소개글.hwp

- **편집 용지** : 위쪽, 머리말 – 20mm, 왼쪽, 오른쪽 – 30mm, 아래쪽 – 15mm, 꼬리말 – 10mm
- **단의 구분선** : 종류 – 원형 점선, 색 – 초록(RGB: 0,128,0)
- **제목글** : 맑은 고딕, 12pt, 진하게
- **본문** : 맑은 고딕, 10pt
- **스크린 샷** : 광화문광장(gwanghwamun.seoul.go.kr) 사이트 – 광장소개 – 광장 시설안내 – 세종ㆍ이순신동상에서 '세종대왕동상', '명량분수' 캡처
- **글맵시 스타일** : 채우기 – 초록색 / 진한 청록색 그러데이션, 남색 그림자, 아래로 넓은 원통 모양
- **꼬리말** : 머리말/꼬리말마당 – 가운데 쪽 번호
- **쪽 번호 모양** : 1, 2, 3

광장 소개

◆ 위치 : 광화문에서 세종로사거리와 청계광장으로 이어지는 세종로 중앙
◆ 규모 : 18,840㎡
◆ 개방 시간 : 도심 열린 광장으로 연중 24시간 상시 개방

대한민국 역사 문화 중심공간 광화문광장입니다.

임진왜란 시기 광화문이 화재로 소실된 후에도 광화문 앞길은 육조거리로, 궐외각사(闕外各司)들이 모여 있는 중심 관청가였다. 광화문은 고종이 경복궁을 중건하면서 복원됐지만, 1910년 한일 강제 병합 이후 경복궁 내에 조선총독부가 세워지면서 경복궁 동쪽으로 강제 이전되었다. 제3공화국 시절 콘크리트로 광화문이 다시 만들어지고 위치와 건축소재면에서 고증 논란이 끊이지 않다가 2008년 고증을 통해 원래의 자리에 제대로 복원되었다. 광화문의 소실과 복원은 수차례 반복되었지만, 그 와중에도 광화문 앞길은 여전히 대한민국의 중심공간으로, 사람들이 모이고 만나며 소식과 의견을 나누는 가장 중요한 장소였고, 다양한 근, 현대사를 겪으며 민주주의의 상징이자 화합의 공간으로 발돋움했다.

광화문의 복원과 함께 2009년 광화문 앞길은 장소의 의미와 기능에 맞게 처음으로 광장의 모습을 갖추었다. 2022년 8월 다시 문을 연 '광화문광장'은 월대복원이라는 민족의 숙원을 해결하는 등, 광화문 앞길의 역사적 의미와 깊이를 계승함과 동시에, 휴식과 산책 등의 일상과 축제나 행사 등의 비일상을 연결하는 서울 시민의 대표적 삶의 장으로서 시민들의 전폭적인 사랑을 받기를 기대한다.

세종대왕 동상
민족의 영웅으로서 경복궁에서 즉위하여 승하하신 최초의 임금

명량분수
충무공 해전을 상징하는 바닥분수

02 문제 **01**에서 만든 문서를 '광장소개글.pdf'로 저장해 봅니다.

03 마이크로소프트 엣지에서 네이버 뉴스(news.naver.com)에 접속한 후 뉴스를 참고하여 직접 신문을 만들고 '신문만들기.hwp'로 저장해 봅니다.

시대일보

NEWSPAPER   2024년 5월 11일

열기구 우주 여행,
내부 객실의 모습은?

헤일로 스페이스는 지난 10일 영국 런던에서 약 3.9톤에 달하는 오로라 캡슐 디자인을 공개했다.

사진=헤일로스페이스

사진=헤일로스페이스

헤일로 스페이스의 우주 관광 비용은 좌석당 16만4천달러(약 2천270만원)로, 버진갤럭틱 우주여행 가격의 약 3분의 1에 해당하며 복잡한 의류

이 회사는 우주 관광용 열기구를 띄우고 거기에 둥근 캡슐형 객실을 부착해 성층권까지 우주 관광객들을 여행시킬 예정이다.

너비 5m, 높이 3.5m 캡슐은 알루미늄 합금과 복합 재료로 제작됐고 내부에 8명의 유료 승객과 조종사 1명을 수용할 수 있다. 또, 일반적으로 로켓 우주여행에 수반되는 꽉 끼는 우주복과 우주 훈련 등이 필요 없으며, 관광객들은 편안한 회전 좌석에 앉아 큰 창문으로 풍경을 바라보며 다양한 요리를 즐기면 된다.

10년간 노래방에서 가장 많이 부

최근 10년 동안 노래방에서 가장 많이 불린 노래 났습니다.

써클차트(구 가온차트)의 자료에 따르면 '롱니'의 한잔', 이지(IZI)의 '응급실', 에일리의 '첫눈처럼 를 차지했습니다.

시대일보

NEWSPAPER   2024년 5월 11일

주말 낮 기온 25도 초여름... 일교차 심하니 겉옷 챙기세요

제주시 오라동의 한 도로변에 겹벚꽃이 활짝 피어 있다. 제주=연합뉴스

주말까지 전국적으로 한낮 기온이 25도 안팎까지 오르는 초여름 날씨가 이어지고, 낮밤 기온차(일교차)는 15~20도로 커진다.

12일 기상청에 따르면 당분간 기온은 평년(최저 3~9도·최고 15~19도)보다 높고 이날도 낮 최고 기온이 19~26도다. 주말 동안 예상 기온은 아침 최저 8~15도, 낮 최고 20~29도라 일교차도 벌어진다.

전국이 고기압 영향권에 놓이면서 하늘도 대체로 맑을 예정이다. 다만 전국적으로 대기가 건조하고, 특히 건조특보가 발효된 서울·경기 동부 일부원주 등 강원 내륙·충북 청주에서는 화재 발생 위험도 높다.

제주만 유일하게 흐린 날씨가 예보됐다. 13일까지는 제주 남쪽 해상을 지나는 기압골, 14일은 중국 상하이 부근에서 다가오는 저기압의 영향으로 비소식도 있다. 이날 오후부터 13일 새벽 사이에 5mm 내외의 빗방울이 날리고 다시 14일 늦은 밤부터 강수량 5mm 정도의 약한 비가 예상된다. 14일 밤부터는 순간풍속이 초당 20m가 넘는 매우 강한 바람도 불어 시설물 안전에 주의가 요구된다.

다음 주에는 낮 기온이 평년(16~22도)과 비슷하거나 조금 높은 수준의 봄 날씨가 돌아온다. 저기압 영향으로 15일과 16일 오전에는 전국적으로 비가 온 뒤 맑은 날씨가 이어지다 20일쯤 제주에는 기압골의 영향으로 다시 비가 내릴 전망이다.

MEMO

할 수 없다!

한글 2020 활용

초 판 발 행	2024년 05월 15일
발 행 인	박영일
책 임 편 집	이해욱
저 자	정동임
편 집 진 행	윤은숙
표 지 디 자 인	김도연
편 집 디 자 인	김지현
발 행 처	시대인
공 급 처	(주)시대고시기획
출 판 등 록	제 10-1521호
주 소	서울시 마포구 큰우물로 75 [도화동 538 성지 B/D] 6F
전 화	1600-3600
홈 페 이 지	www.sdedu.co.kr

I S B N	979-11-383-7069-1(13000)
정 가	12,000원

시대인은 종합교육그룹 (주)시대고시기획 · 시대교육의 단행본 브랜드입니다.